1 soru
1 cevap

OLMAYAN PROBLEMLERİ KAFAYA TAKMAMAK

DESTEK
yayınları

DESTEK MEDYA GRUBU

DESTEK YAYINLARI: 1568
KİŞİSEL GELİŞİM: 264

1 SORU 1 CEVAP / OLMAYAN PROBLEMLERİ KAFAYA TAKMAMAK

İmtiyaz Sahibi: Yelda Cumalıoğlu
Genel Yayın Yönetmeni: Ertürk Akşun
Yayın Koordinatörü: Özlem Esmergül
Editör: Cansu Poyraz Karadeniz
Son Okuma: Devrim Yalkut
Kapak Tasarım: İlknur Muştu
Sayfa Düzeni: Cansu Poroy
Sosyal Medya-Grafik: Tuğçe Budak - Mesud Topal

Destek Yayınları: Mart 2022
Yayıncı Sertifika No. 13226

ISBN 978-625-441-572-2

Abdi İpekçi Caddesi No. 31/5 Nişantaşı/İstanbul
Tel. (0) 212 252 22 42
Faks: (0) 212 252 22 43
www.destekdukkan.com
info@destekyayinlari.com
facebook.com/DestekYayinevi
twitter.com/destekyayinlari
instagram.com/destekyayinlari
www.destekmedyagrubu.com

Destek Dukkan

Deniz Ofset – Çetin Koçak
Sertifika No. 48625
Maltepe Mahallesi
Hastane Yolu Sokak No. 1/6
Zeytinburnu / İstanbul
Tel. (0) 212 613 30 06

DESTEK yayınları · KARAKARGA · BEYAZ BAYKUŞ · genç DESTEK

1 soru
1 cevap

OVER THINKING

OLMAYAN PROBLEMLERİ KAFAYA TAKMAMAK

Hiçbir korku
düşündüğünüz
kadar ürkütücü
değildir.

DESTEK
yayınları

İÇİNDEKİLER

GİRİŞ / 7

Geçmişin Merdivensiz Kör Kuyuları:
Ruminasyon Nedir? / 19

Yarının Belirsizlik Rüzgârında Savrulma:
Geleceğe Yönelik Endişeyle Aşırı Düşünme / 25

Aşırı Düşünme Zincirinin Esiri misiniz? / 29

Aşırı Düşününce Beynimizde Ne Oluyor? / 33

Aşırı Düşünmenin Sebepleri / 39

Temel Değerlerimiz ve Aşırı Düşünme / 45

Düşünceler Aklımızda Yarışırken
Ne Yapmalıyız? / 53

Düşünme Denilen Her Şey Daha Çok Düşünülür:
Beyaz Ayı Deneyi / 59

Mükemmel İyinin Düşmanıdır / 63

Mütemadiyen Ergen:
Beynimize Söz Geçirebilir miyiz? / 69

"Ya .... Olursa?" Tuzağı / 73

Kötü İlişkilerin
Aşırı Düşünme Üzerine Olumsuz Etkisi / 77

Aşırı Düşünmeyle Mücadelede İlk Adım:
Önce Fark Et, Sonra Kabul Et / 85

Olumsuz Düşünme (Bilişsel Çarpıtma) Alışkanlıklarımız / 89

Zihinsel Alışkanlıklarınızı Değiştirin! / 97

Zihnimizi Nasıl Yeniden Yapılandırabiliriz? / 101

Bilişsel Yeniden Yapılandırma İçin Düşünce Kaydı
Nasıl Kullanılır? / 111

Bilişsel Yeniden Yapılandırmanın Önündeki
Bazı Engeller / 113

Erteledikçe Düşünür, Düşündükçe Erteleriz / 119

Farkındalık Nedir, Ne Değildir? / 123

Farkındalık Neden İşe Yaramaz? / 131

Farkındalık Çalışmalarının
Aşırı Düşünme Üzerine Etkisi / 135

Nefes Farkındalığı / 139

Aşırı Düşünmeyi Durdurmak İçin
Farkındalıklı Egzersiz / 145

Vücut Tarama Çalışması / 151

Aşırı Düşünme ile
Mücadelede Olumlamaların Gücü / 155

Güçlü Olumlamalar / 161

Bitirirken / 165

Celladına Âşık İnsanlarız / 171

KAYNAKÇA / 176

GİRİŞ

Kendinizi kafanızın içinde dönüp duran düşünceler tarafından kuşatılmış hissettiğiniz oluyor mu?

Sürekli stresle mücadele içinde misiniz?

Geçmiş veya gelecek hakkında düşünmekten bugünü kaçırdığınız oluyor mu?

Biriyle sohbet ederken kafanızın içinde başka bir konu hakkında düşündüğünüz için karşı tarafı dinleyemiyor musunuz?

Zihniniz sürekli sizin veya sevdiklerinizin başına gelebilecek kötü şeyler hakkında senaryolar üretiyor mu?

İnsanlarla yaptığınız konuşmaları beyninizde defalarca tekrarlayarak üzerine düşünüyor musunuz?

Bu sorulardan birine bile cevabımınız "Evet" ise doğru yerdesiniz. Hepimiz zaman zaman olumsuz düşünceler yaşıyoruz. Fakat sık sık bu düşünceler tarafından boğulmuş gibi hissediyorsanız artık ne düşündüğünüzü, bu düşüncelerin kaynağını, zihinsel sağlığınızı nasıl etkilediğini öğrenme ve bu sayede daha huzurlu, sakin bir hayata adım atmaya hazırsınız demektir.

"Keşke şöyle yapsaydım" diyerek her şeyi tekrar tekrar düşünmek, verdiğiniz her kararı ikinci kez sorgulamak ve hayatta başınıza gelebilecek tüm kötü senaryoları hayal etmek gerçekten çok yorucu olabilir. Bu bir düşünce alışkanlığıdır ve her alışkanlık gibi kırılması oldukça zordur.

Düşünceler, gerçeklik olarak algıladığımız şeyi oluşturur. Aslında onları "kontrol edebilir" ve yönlendirebiliriz, ancak genellikle düşüncelerimizin bizi ve nasıl hissettiğimizi kontrol eden kendilerine ait zihinleri varmış gibi yanlış bir kanıya sahibiz.

Evet, problemleri çözmek, analiz etmek, karar vermek veya planlamak için düşünmek gereklidir. Fakat bir konu hakkında uzun süre düşünmenin en iyi çözümü geliştirmenin anahtarı olduğuna inanıyorsanız size kötü bir haberimiz var; durum hiç de öyle değil. Aslında, bir şey hakkında ne kadar uzun süre düşünürseniz, üretken bir eylemde bulunmak için o kadar az zaman ve enerjiniz kalır.

Aşırı düşünmek oldukça yorucudur. Düşünceler kafanızın etrafında daireler çizer ve kendinizi hareket edemez halde bulursunuz. Dahası, birbiriyle tamamen çelişen tuhaf fikirler ortaya çıkmaya başlar.

Örneğin, "Bu iş görüşmesi için çok heyecanlıyım" ifadesi "Acaba beni sevdiler mi?" ifadesine dönüşüp ardından "Ah ne kadar da aptalım! Öyle söylememeliydim! Kesinlikle beni seçmeyecekler!" şeklinde son bulabilir. Yapmadığınız şeyler için kendinizi suçlamaya, gerçekleşebilecek, dahası aslında gerçekleşmeyecek senaryolar hakkında mantıksızca endişelenmeye başlarsınız. Ama merak etmeyin; kendinizi, zihninizde hiç bitmeyen pişmanlık dolu veya endişeli düşüncelerden oluşan bir döngüde kapana kısılmış bulmak sık görülen bir durumdur.

Sahip olduğumuz hemen hemen her olumsuz düşünce geçmişle veya gelecekle ilgilidir. Nedense olmuş veya olabilecekler hakkında o kadar takıntılıyız ki şu an yaşadığımız şeylerin farkına bile varamıyoruz.

Sadece düşüncelerimizle de mücadele etmekle kalmıyor, aynı zamanda onlardan kurtulmak için de mücadele ediyoruz. Aslında aşırı düşünmek, basitçe "bir şeyi çok fazla veya çok uzun süre düşünmek" eylemidir. Araştırmalar, aşırı düşünmenin stres seviyenizi yükselttiğini, yaratıcılığınızı azalttığını, muhakeme yeteneğinizi bulandırdığını ve karar verme gücünüzü elinizden aldığını göstermiştir.

Çoğu zaman, fazla düşündüğümüzde, olumsuz sonuçlara yol açan yıkıcı bir düşünce sürecine gireriz. Kafamızın içinde eleştiriyle beslenen ve susmak bilmeyen o gaddar ses gittikçe yükselir. İlişkinizi analiz ederken kafanızda oynayan diyalog da onun eseridir:

"Bugün neden bu kadar mesafeli? Aptalca bir şey söylemiş olmalıyım. Kesin ilgisini kaybediyor. Belki de başka birini seviyordur."

Peki, bize bu kadar olumsuz yorumlar ve korkunç öğütler veren bu iç düşmanı neden zihnimizde barındırıyoruz?

Düşünmek otomatik ve kontrol edilemez görünebilir, ancak düşünce kalıplarımızın çoğu alışılmış ve istemsizdir. Siz ve düşünceleriniz birbirinden ayrılamaz gibi görünseniz de düşüncelerinizi yönetebilen "bilinçli bir benliğe" sahipsiniz. Düşünceleriniz üzerinde zannettiğinizden çok daha fazla kontrolünüz var. Zihninizi nasıl kontrol edeceğinizi öğrendiğinizde, bu evcilleştirilmemiş düşüncelerin dağınıklığının ardındaki yaratıcılığın, ilhamın ve parlaklığın enginliğine bir kapı açacaksınız.

Gerçek şu ki bu zorlu dünya hepimizin içinde bölünmeler yarattı. Hepimiz gerçek benliğimiz ile "anti-benliğimiz" arasında bölünmüş durumdayız. Gerçek benliğimiz yaşamı olumlayıcı, hedefe yönelik gerçek değerlerimizi ve arzularımızı temsil ederken, anti-benliğimiz hem kendimize hem de başkalarına karşı kendini inkâr eden eleştirel, paranoyak, gaddar bir düşman gibidir.

Gerçek benliğimiz olumlu yaşam deneyimlerinden, sağlıklı olaylardan ve ebeveynlerimizde ya da erken yaş bakıcılarımızda tanık olduğumuz özelliklerden oluşur. Anti-benliğimiz ise erken yaşta maruz kaldığımız olumsuz deneyimlerimizden, zararlı olaylardan ve tutumlarımızdan şekillenir. Örneğin, bizi yeterli görmeyen bir annemiz olsaydı, eleştirel içsesimiz de muhtemelen kendimize karşı bu incitici tavrı devam ettirirdi.

Yetişkinler olarak, çocukken bize söylenenlerin aynısını söyleyerek kendimize ebeveynlik yapma eğilimindeyiz. Antibenliğimizden yana taraf olduğumuzda ve eleştirel içsesimizi dinlediğimizde, gerçeğe dayanmayan sancılı bir yola sürükleniriz. Yıkıcı bir düşünce döngüsüne girer, ne kadar gerçekçi ve acımasız olduğumuzun farkına bile varmadan günümüzün ayrıntıları hakkında kendimizi hırpalayarak saatler geçirebiliriz.

Bu düşünceleri tanımlayarak ve hangi durumlarda tetiklendiklerini fark ederek, eleştirel içsesimize meydan okuyabilir ve bu sayede düşünme şeklimizi de değiştirebiliriz.

Aşırı Düşünmek Nedir?

Düşünceler yeryüzünde en hızlı hareket eden şeylerdir. Potansiyellerinin sınırsız olmasının yanı sıra aniden değişebilme özelliğine de sahiptirler. Yoksa akşama ne yiyeceğimizi düşünürken bir anda aklımızın bir gün önce müdürümüzün bize yaptığı gereksiz şakaya kayıp öfkelenmemizi nasıl açıklayabiliriz?

Bilime göre, beynimiz yaklaşık bir milyon gigabayt bilgi depolayabilir ve bir milyardan fazla nöron aracılığıyla bir trilyonu aşkın bağlantı kurabilir. Bu, üç milyon saatten fazla videoyu depolamaya veya bir filmin yüksek kalitede üç yüz yıldan fazla yayınlanmasına izin vermeye eşdeğerdir. Bu sadece beynin depolama kapasitesi. Bir de bunun işlem kapasitesi var. İnsan beyninin işlem gücünün en gelişmiş bilgisayarlardan bile daha üstün olduğunu sanırım söylememize gerek yok. Sıradan bilgisayarlar, insan beyninin sadece birkaç yüz nöronu kullanılarak elde edilebilecek bir bilgiyi hesaplamak için milyonlarca adıma ihtiyaç duyar.

Zihinsel üstünlüğümüz, bizi yaşadığımız gezegendeki diğer hayvanlardan ayırır. Bununla birlikte, aynı beyin, bizi aşırı düşünmeye duyarlı hale de getirir. Bu kadar güçlü işlem kapasitesi olan bir beyni, net ve sakin bir şekilde düşünmek için evcilleştirmek oldukça zor olabilir.

"Aşırı düşünmek" oldukça yaygın bir sorundur. Aşırı düşünmenin yaygın olarak kabul edilmiş iki biçimi vardır: Gelecek hakkında endişelenmek veya geçmiş hakkında derin düşüncelere dalmak.

Kötü senaryolar, kafamızda bir problemler seli gibi canlanır. Adeta "Dertler derya olmuş, ben de bir sandal" durumu. Bir yandan geçmişteki sıkıntıları düşünüp dururken bir yandan da gelecekteki yükler hakkında endişeleniriz. Üstelik kafamızda kurduğumuz çoğu kötü senaryo ya hiç gerçekleşmez ya da hayal ettiğimiz kadar kötü olmaz Yine de "olma ihtimali" bile canımızı sıkar.

Aşırı düşünenler genelde gerçekçilikten uzak veya aşırı karamsar olma eğilimindedirler. Beklemedikleri şeyler başlarına geldiğinde, beyinlerinin içi zincirleme düşünce tamamlamalarıyla dolup taşar. Zincirleme düşünce tamamlaması! Tanıdık geldi değil mi?

Hayatınız için değerli bir şey yapmanın, bir dönüm noktasının eşiğinde olabilirsiniz. Tüm planlarınızı yaptınız ve heyecanlısınız. Fikrinizin harika olduğuna, her şeyin yolunda gideceğine olan inancınız tam. Mutlusunuz, ta ki aklınızın arkasındaki o küçük ses sizinle konuşmaya başlayana kadar.

Buraya kadar her şey gayet normal. Asıl sorun, o sesi dinlemeye başladığınızda ortaya çıkıyor. Çünkü o sesi dinlemeye başladığınızda aklınızdaki fikirlerin geçerliliğini ve potansiyellerini sorgulamaya başlarsınız. Kendi fikirlerinizle alay edersiniz ve daha önce topladığınız enerjinin azaldığını keşfedersiniz.

İşte bu aşamada "aşırı düşünme" bataklığına adım attınız demektir. Ne kadar fazla düşünürseniz o kadar derine batarsınız. Kaygı seviyeleriniz yükselir ve gittikçe artan karamsar düşünceler zinciri zihninizi esir alır. Ne olduğunu anlamadan bir bakmışsınız, kurduğunuz o harika hayallerden ve ulaşmak üzere olduğunuz hedeflerden vazgeçmişsiniz.

Hepimiz aşırı düşünmekten etkilenebiliriz. Aşk hayatımız, iş hayatımız, günlük sorumluluklarımız, geçmişte verdiğimiz kararlar vb. hakkında endişeleniriz. Neticede son derece gergin, aşırı uyarılmış bir dünyada yaşıyoruz.

1 Soru
1 Cevap

Aşırı Düşünmek Nedir?

Bir şey hakkında çok fazla düşünmek (fiil): Yararlı olmaktan çok zararlı bir şekilde (bir şey) hakkında düşünmeye veya analiz etmeye çok fazla zaman ayırmak.

Aşırı düşünme, düşünce süreçlerimiz kontrolden çıktığında ortaya çıkar ve bizi sıkıntıya sokar. Daha önce de bahsettiğimiz üzere aşırı düşünmenin iki çeşidi vardır: geçmişe kafa yormak ve gelecek için endişelenmek.

1. Geçmişi yeniden hatırlamaya yönelik Aşırı Düşünme-RUMİNASYON:

- "Geçen haftaki toplantıda bu yorumu yapmamalıydım."
- "Son işimden ayrılmamalıydım. Kalsaydım, şimdi olduğumdan çok daha mutlu olurdum."
- "O pastayı yememeliydim. Sonsuza kadar şişman olacağım."

Bu tarz düşünceler genelde pişmanlık ve suçluluk duygusu üzerine kurulu olur.

2. Gelecek hakkında sürekli olarak olumsuz, yıkıcı tahminler yaptığınız ENDİŞEYE yönelik aşırı düşünme:

- "Raporumu patrona verdiğimde bunun kötü olduğunu düşünecek ve beni işten çıkaracak. O zaman kredimi ödeyemeyeceğim, evi kaybedeceğim ve ailemin geçimini sağlayamayacağım."

Her ikisi de aşağı doğru bir olumsuz düşünce sarmalı yaratmak için sonsuz yollar sunar, ancak günün sonunda hepimizin sahip olduğu iki basit korkuya benzerler: pişmanlık korkusu ve belirsizlik korkusu.

Elbette hayatımızda pişmanlık ve belirsizlikten tamamen kaçınmak mümkün değildir. Geçmişi değiştiremeyiz. Asla gerçekleşmeyecek sayısız senaryo ve olasılığın kusurlarını, başarısını ve hatta olasılığını değerlendiremeyiz. Bu sebeple her iki yöndeki tüm düşünceler zihinsel ve fiziksel enerji kaybıdır. Bize pahalıya mal olurlar.

Bu aşırı düşünme türlerinden biri veya her ikisi tarafından kuşatılmak sizi sürekli bir ıstırap halinde bırakabilir. Bununla birlikte, aslında yeni dünyada üçüncü bir aşırı düşünme türü daha vardır: Günümüz sorunlarına çözümler üretmek üzerine aşırı kafa yormak.

Bu sorunları yakın geçmişimizden veya yakın geleceğimizden alıyoruz, sonra bunlarla mücadele seçeneklerini çılgınca değerlendiriyoruz. Birine sertçe çıkıştıktan sonra veya başlatmak istediğiniz girişim için en iyi iş modelini bulmak için kitap üstüne kitap okuduktan sonra kendinizi öfkenizi yumuşatmak için yaklaşık 10 farklı strateji düşünürken buluyorsanız, bu aşırı düşünmekten kaynaklanıyor. Bu tür kompulsif düşünme genellikle üretken olabilir, bu yüzden kurtulmak, teşhis etmek ve ilk etapta bir sorun olarak kabul etmek en zor olanıdır.

Aslında, toplum olarak, insanları zihinsel ultra maratonlar gerçekleştirdikleri için sık sık kutluyor, onlara başarılı girişimciler diyoruz. Bu insanları para ve statü yağmuruna tutuyoruz ve asla durmamalarını söylüyoruz.

Dünyanın en zengin adamına en büyük korkusunun ne olduğunu sorduğunuzda muhtemelen cevabı beyninin çalışmayı bırakması olacaktır. Beyinlerimiz hayatta kalmak için tasarlanmıştır ve 200.000 yılın büyük bir kısmı için hayatta kalmak yaratıcı olmak anlamına gelir. Sadece çevremizden yiyecek ve barınak üretme anlamında değil, aynı zamanda bir sonraki hareketimizi planlamak için kurnaz olma anlamında. "Bu çayırlığı açığa çıkmadan nasıl geçebiliriz? Kaplan tarafından görülmekten kaçınmanın en iyi yolu nedir?" Bunlar yaratıcı problemler. Anında düşünme, strateji seçimi ve ardından eylem gerektirirler.

Bununla birlikte, dünya artık bize çok farklı zorluklarla çerçevelenmiş tek ve sürekli bir hayatta kalma sorunu sunmuyor. Çoğunlukla, işin bu kısmını hallettik. Bunun yerine, bakımı insan vücudundan çok daha zor olan ve onlarca yıllık araştırmalara rağmen hakkında neredeyse hiçbir şey bilmediğimiz bir varlığı yönetmekle görevlendirildik: insan zihni.

“Yemek, uyku, egzersiz”den oluşan üç maddelik listeyi tamamlamak yerine, artık “Nasıl anlam bulurum?”, “Beni ne mutlu eder?” ve “Nasıl mutlu eder?” gibi uçsuz bucaksız sorularla karşı karşıyayız. Bunlar basit problemler değil. Kesin cevaplar yok. Bunlar ömür boyu süren projelerdir ve sonuçlarını her gün seçtiğimiz alışkanlıklar ve davranışlarla yavaş yavaş şekillendiririz.

Sonuç olarak, devamlı problem arayan hayatta kalma simülasyon makinemiz kendi kendine çalışıyor. Çözülmesi gereken gerçek, acil sorunların yokluğunda, muhakkak bir sorun bulur veya kendi hayal gücünden bir tane oluşturur. Bu, beynin kendini aldatmasıdır. Somut, ilişkilendirilebilir, mevcut bir mücadeleye kilitlenir ve aşırı beyin fırtınasına girer.

Anlamlı bir iş istemekte veya kendini geliştirerek mutluluğu bulmakta yanlış bir şey yok, ancak bu çabalar ve bunlara giren üretken düşünceler araç yerine amaç haline geldiğinde, hızla kendinden nefret etmeye ve sefalete sürükleniriz. Peki doğru anda nasıl durabiliriz?

Geçmişe ve geleceğe yönelik aşırı düşünme alışkanlığımıza yardımcı olacak bilimsel taktikler konusunda hiçbir sıkıntı yok. Çoğu, olumsuz düşünceyi daha olumlu bir düşünceyle değiştirmeyi içerir; örneğin, kötü senaryoyu daha az inanılır kılmak için bir duruma farklı açılardan bakmak veya sorunları küçük zorluklar olarak yeniden anlamlandırmak gibi. Örneğin, formda olmadığınız için yakınmak yerine daha zinde hissetmek istemeye odaklanabilirsiniz. Ayrıca, rahatlamak için düşüncelerinizi yazma, dikkatinizi dağıtma ve önünüzde olana odaklanabilmeniz için anda kalmayı öğrenme önerileri de var.

Hiçbirimiz içsesimizi uzun süre kapatamayız. Fakat hangi düşüncelerin peşinden gidilmeyi hak edip hangilerinin etmediğine biz karar verebiliriz. Düşünceyi bırakmayı ve yaptığımız her ne ise ona geri dönmeyi öğrenebiliriz.

Aşırı düşünme girdabına düşmemek, düştüysek de oradan çıkmak bizim elimizde, zira bu ya bir kaygı bozukluğu ya da düşünce alışkanlığıdır ve bilim her konuda olduğu gibi bu konuda da bizim yanımızdadır.

"Fazla düşünmekten ölüyoruz. Her şeyi düşünerek yavaş yavaş kendimizi öldürüyoruz. Düşünmek. Düşünmek. Düşünmek. Zaten insan zihnine asla güvenemezsiniz. Bu bir ölüm tuzağı."

– Anthony Hopkins

Geçmişin Merdivensiz Kör Kuyuları: Ruminasyon Nedir?

Acıya tutunmak hiçbir şeyi düzeltmez. Geçmişi tekrar tekrar yaşamak onu değiştirmez ve her şeyin farklı olmasını dilemek de onu öyle yapmaz.

Bazı durumlarda, özellikle de geçmiş söz konusu olduğunda, yapabileceğiniz tek şey, tutunduğunuz şeyi kabul etmek ve sonra bırakmaktır. Her şey böyle değişir. Neredeyse imkânsız gibi görünse bile, sizi inciten şeyi bırakmalısınız.

Geçmişe tutunmaya karar vermek, sizi geçmişiniz tarafından değil, olmak istediğiniz kişi tarafından tanımlanan bir benlik algısından alıkoyacaktır. Garip bir şekilde, acı verici duygular, özellikle de bildiğiniz tek şeyse, rahatlatıcı olabilir.

Bazı insanlar, geçmişleriyle ilgili acılarını veya diğer hoş olmayan duygularını bırakmakta zorlanırlar çünkü bu duyguların kimliklerinin bir parçası olduğunu düşünürler. Bazı yönlerden, acıları olmadan kim olduklarını bilemeyebilirler. Bu da o düşünceleri bırakmalarını imkânsız kılıyor.

Bu anlamda bırakmak, bir durum, kişi veya sonuçla ilgili tüm şüphe, endişe ve korkuyu serbest bırakmaktır. Mutluluğunuzu bozan ve artık yolculuğunuzda size hizmet etmeyen her şeyi bırakmaktır.

Bırakmak, artık kontrolünüz dışında olan şeylere kafa yormamaya ve bunun yerine kontrol edebileceğiniz şeylere odaklanmaya karar vermek için bir seçimdir. Bırakmak, yeni başlangıçlar için alan yaratır: Dün olanlardan sizi arındırır ve yepyeni fırsatların kapılarının bugün açılmasını sağlar.

Bırakmak, şu anda olanları kabul etmek ve yarın ne olacağı konusunda endişelenmemekle ilgilidir. Bıraktığını söylemekten çok daha fazlasını içerir. Gerçekten daha iyi hissetmeniz ve hayata sağlıklı bir şekilde devam etmeniz için gerçekleşmesi gereken içsel bir süreçtir.

İnsan zihni, sahip olduğumuz en karmaşık araçtır; ya en büyük müttefikimiz ya da en kötü düşmanımız olabilir. İşleri akışına bırakma gücüne sahip olmak burada başlar. Artık geçmiş meselelerin ve bizi inciten insanların zihnimizi kontrol etmesine izin vermemek için kasıtlı bir seçim yapmak, bu düşünceler, fikirler ve duygular üzerindeki sağlıksız ruminasyon döngüsünü kırabilir.

Geçmişte olanların ayrıntılarını kafaya takmak asla sağlıklı bir yol olmasa da (bunu hepimiz yapıyoruz), neden belirli bir şekilde hissettiğinizi ve bir dahaki sefere nasıl farklı düşünebileceğinizi analiz etmek önemlidir.

Ruminasyon, geçmiş bir sorunu zihninizde tekrar tekrar oynatmak demektir. Düşüncelerimizi saplantı haline getirerek geçmiş bir durumun çeşitli yönleri hakkında derin derin düşünürüz. Bu süreç genellikle pişmanlık, kendinden nefret etme ve kendini suçlamayı içerir.

Bu tür düşünce kalıplarına yatkın insanlar, örneğin, biten bir ilişkinin her ayrıntısını gözden geçirebilir. Olanlar için genellikle kendilerini suçlarlar ve tipik düşüncelerle pişmanlık duyarlar:

- Daha sabırlı ve daha destekleyici olmalıydım.
- Şimdiye kadarki en mükemmel sevgiliyi kaybettim.
- Bir daha beni kimse sevmeyecek.

Bu tarz düşünce kalıpları depresyonu uzatabileceği, yoğunlaştırabileceği ve aynı zamanda duyguları, düşünme ve işleme yeteneğinizi bozabileceği için zihinsel sağlığınız açısından tehlikeli olabilir. Ruminasyon güçlü bir stres büyütücüdür ve birçok insan zaman zaman buna eğilimlidir. Ruminasyon, yani geçmişte meydana gelen olumsuz olayları saplantı haline getirme alışkanlığı hem zihin hem de beden üzerinde birçok olumsuz etkiyle ilişkilidir.

1 Soru
1 Cevap

Neden Ruminasyon Yaparız?

- **Ruminasyon yaparak hayata veya bir probleme dair içgörü kazanacağımıza inanmak.**
- **Duygusal veya fiziksel travma öyküsü.**
- **Kontrol edilemeyen devam eden stresörlerle yüzleşmek.**

Ruminasyon, mükemmeliyetçilik, nevrotiklik ve kişinin başkalarıyla ilişkilerine aşırı odaklanmayı içeren belirli kişilik özelliklerine sahip bireylerde daha yaygındır.

Tekrarlayan bir düşünce döngüsüne takılıp kaldığınızda bundan kurtulmanız zor olabilir. Böyle bir düşünce döngüsüne girdiğinize, daha yoğun hale gelmelerini önlemek için onları mümkün olduğunca çabuk durdurmak önemlidir. Tıpkı bir topun yokuş aşağı yuvarlanması gibi, tekrarlayan düşünceleri de ilk yuvarlanmaya başladıklarında durdurmak daha kolaydır.

Aslında hiçbirimiz sorunlarımızla kendimizi boğmak üzere düşünmek için yola çıkmayız. Hepimiz mutlu olmak ve bizi mutlu eden düşüncelere odaklanmak isteriz. Fakat başımıza kabul edilmesi zor, gerçekten sinir bozucu, tehdit edici veya aşağılayıcı bir şey geldiğinde yanlış düşünce alışkanlıklarımız ortaya çıkar ve zihnimiz yaşadığımız problem her ne ise onu bir türlü bırakmak istemez.

Yaşadığımız olayı zihnimizde anlamlandırmaya çalışıyor, ondan bir şeyler öğrenmeye çalışıyor ya da sadece bunun başımıza gelmesi gerektiğine dair bir doğrulama arıyor olabiliriz. Sebebi ne olursa olsun, yaşadığımız sorunu düşünmeden edemiyoruz, düşündüğümüzde ise içinden bir türlü çıkamıyoruz.

Peki ama sorunlarımız üzerine düşünmezsek, onları nasıl çözebiliriz veya süreçten nasıl öğrenebiliriz? Sadece olumluya mı odaklanmalıyız?

Bu önemli bir soru; sorunları görmezden gelmekle ruminasyona girmek arasındaki o ideal orta noktayı bulmak, bizi birçok gereksiz stresten kurtarabilir.

Temel olarak, ruminasyon, sürükleyici veya tekrarlayan olumsuz düşünce kalıplarını içerir. Pek çok insan duygularını analiz etmeye çalışırken ruminasyona girer, ancak çözüme doğru ilerlemeden geçmiş acıları tekrarlamanın olumsuz kalıplarına "takılıp kalırlar".

Ruminasyonu veya "problemler üzerinde durmayı" çözüm aramaktan ayıran şey, ruminasyonun yeni düşünme yolları, yeni davranışlar veya yeni olasılıklar üretmemesidir. Ruminatif düşünürler, aynı bilgiyi değiştirmeden tekrar tekrar gözden geçirirler ve olumsuz bir zihniyet içinde kalırlar.

Peki, bu takıntılı düşünceleri durdurmak için ne yapabilirsiniz?

1. Dikkatinizi Dağıtın

Düşünmeye başladığınızı fark ettiğinizde, dikkatinizi dağıtacak bir şey bulmak düşünce döngünüzü kırabilir. Etrafınıza bakın, hemen yapacak başka bir şey seçin ve ikinci kez düşünmeyin. Şunları deneyin:

- Bir arkadaşınızı veya aile üyenizi aramak.
- Ev işleri yapmak.
- Film seyretmek.
- Resim çizmek.
- Kitap okumak.
- Mahallenizde dolaşmak.

2. Harekete Geçmeyi Planlayın

Aynı olumsuz düşünceyi defalarca tekrarlamak yerine, bu düşünceyi ele almak üzere harekete geçmek için bir plan yapın.

Kafanızda, sorunu çözmek için atmanız gereken her adımı ana hatlarıyla belirleyin veya bir kâğıda yazın. Beklentileriniz konusunda olabildiğince spesifik ve gerçekçi olun.

Bunu yapmak ruminasyonunuzu bozacaktır. Aynı zamanda, olumsuz bir düşünceyi aklınızdan tamamen çıkarma girişiminde ilerlemenize de yardımcı olacaktır.

3. Düşüncelerinizi Sorgulayın

Rahatsız edici bir düşünceye kafa yormaya başladığınızda, tekrar eden düşüncenizi bir perspektife oturtmayı deneyin. Rahatsız edici düşüncenizin neden doğru olmayabileceği hakkında daha fazla düşünmek, ruminasyonu durdurmanıza yardımcı olabilir, çünkü düşüncenin pek mantıklı olmadığını fark edersiniz.

4. Hedeflerinizi Yeniden Düzenleyin

Mükemmeliyetçilik ve gerçekçi olmayan hedefler belirlemek ruminasyona yol açabilir. Gerçekçi olmayan hedefler belirlerseniz, bir hedefe neden ve nasıl ulaşamadığınıza veya bu hedefe ulaşmak için ne yapmanız gerektiğine aşırı odaklanmaya başlayabilirsiniz.

Ulaşabileceğiniz daha gerçekçi hedefler belirlemek, kendi eylemlerinizi fazla düşünme risklerini azaltabilir.

5. Tetikleyicilerinizi Anlayın

Kendinizi tekrar eden düşünceler içinde bulduğunuzda, içinde bulunduğunuz durumu zihinsel olarak not edin. Nerede olduğunuzu, günün hangi saatinde olduğunuzu, etrafınızda kimlerin olduğunu (eğer varsa) ve o gün ne yaptığınızı yazın. Tetikleyicileri önlemenin veya yönetmenin yollarını geliştirmek, ruminasyonunuzu azaltabilir.

Yarının Belirsizlik Rüzgârında Savrulma: Geleceğe Yönelik Endişeyle Aşırı Düşünme

"Dileklerimiz, umutlarımız ve hayallerimiz gelecekte var ama korkularımız da var. Özlemlerimiz ve endişelerimiz geleceğin kapısında ikiz kardeşler gibi oturuyor, biri bize içeri girmemizi, diğeri geri dönmemizi söylüyor. Hangisini dinleyelim? Bazıları geleceği karanlık, bilinmeyen bir yer olarak görür, girmekten başka seçeneğimiz olmayan uzak bir orman gibi.

Fakat bizi bekleyen bu orman hakkındaki anlayışımızı değiştirebiliriz. Yükseltilmiş önyargılarla, yolculukta kuşlar, çiçekler, akarsular, fırsatlar ve maceralar gibi yeni şeyler fark edebiliyoruz. Orman aynı yerde kalıyor, ancak farklı bakış açıları ve bakış açıları ile yeni bir dünya gibi geliyor."[1]

Hiç patronunuzla görüşmeden önceki gece uyuyamayacak kadar endişeli hissettiniz mi? Ya da sevgilinizle "Bu ilişki nereye gidiyor?" konuşmasını yapmayı düşündüğünüzde avuçlarınız terliyor mu?

Hiç kimse geleceğin ne getireceğini bilmiyor, bu yüzden iş veya ilişki durumlarının nasıl sonuçlanacağını merak etmek oldukça normal. Geleceğe odaklanmak, kendi üretkenliğinizin kontrolünü ele almak ve hedeflerinize ulaşmak söz konusu olduğunda yardımcı olabilir, ancak çoğu zaman fark etmediğimiz bir dezavantajı da var. Çoğumuzun bildiği gibi, geleceğe odaklanmak bazen gelecek için endişelenmeye dönüşebilir.

1. *Mükemmel Değil, Mutlu: Zihninizi Yükseltin, Düşüncelerinize Meydan Okuyun ve Kendinizi Kaygıdan Kurtarın*, Poppy Jamie

İnsan beyni, tahmin etmek ve korumak için programlanmıştır ve bu nedenle, ileride ne olduğunu "bilmeme" düşüncesi, kaçınılmaz olarak büyük bir stres ve endişeye neden olabilir.

Biyolojik olarak, kesinlik ve netlik için can atıyoruz çünkü bu tarihsel olarak hayatta kalma şansımızı artırdı. Hepimizin karşılaştığı zorluk, bu doğal "bilme" ihtiyacını hiçbir zaman yüzde yüz kesinliğe sahip olmadığımız gerçeğiyle dengelemektir. Çoğumuz paranın, iş unvanlarının veya sosyal onayın endişelerimizin çözümü olduğunu düşünme tuzağına düşüyoruz, ancak tüm bunlar bir yanılsamadır ve mümkün olduğu kadar çabuk elimizden alınabilir. Gerçekte, gelecekle ilgili endişelerimizi hafifletecek kadar güçlü olan tek şey özgüvendir. Bunu geliştirerek, yolumuza çıkan her şeyle başa çıkma yeteneğimize güvenmiş oluruz.

Hepimiz temel ihtiyaçlarımızın karşılandığı umuduyla sevilme, güvende olma ve olduğumuz gibi kabul edilme arzusuyla iyi kararlar vermeye çalışıyoruz. Fakat geleceğe yönelik "Ya .... olursa?" diye sorduğunuzda, hayatınızda adeta bir falcı rolünü üstleniyorsunuz hem de normalde karşısında oturmak istemediğiniz türden bir falcı.

Evet, gelecek bilinmeyenlerle dolu ve her zaman pek de ideal olmayan sonuçlar olasılığı var. Bununla birlikte, tam tersi için de bir olasılık var, bu yüzden eğer falcı tipi bir aşırı düşünürseniz, hayatınızdaki iyi şeylere dikkat etmeye başlamanız yardımcı olacaktır.

Geleceğe yönelik endişe bazlı aşırı düşünme, olabilecek kötü şeyler hakkındaki korku ve endişeyi tanımlar. Birçok farklı bağlamda olabilir, ancak genellikle tahmin edemediğiniz veya kontrol edemediğiniz şeylere odaklanır.

Örneğin, sevgilinizin son zamanlarda biraz meşgul göründüğünü düşünüyorsunuz. Bunu ona söylediğinizde, bir sorun olmadığını söylüyor. Ona inanmıyorsunuz ve ayrılmak istediği yönünde endişelenmeye başlıyorsunuz ve yakında gerçekleşeceğine inandığınız ayrılık konuşmasını hayal etmekten kendinizi alamıyorsunuz. Sevgilinizi kaybetmeyi düşünmek muhtemelen sizi hasta hissettirecek ve normal bir şekilde yemek yiyip uyumakta zorluk çekeceksiniz. Yani gerçekleşmemiş bir ayrılığın acısını önceden çekmeye başlayacaksınız.

Kronik olarak endişe duyan insanlar olayları diğerlerinden farklı algılayabilir. Olumsuz şeylerin daha sık olacağını düşünüp algılanan tehditlere daha fazla tepki gösterebilirler.

Gelecekte "gerçekleşebilecek" bir olay hakkında endişelendiğinizde, aslında, kendinize "Ben geleceği tahmin edebilirim" diyorsunuz. Ama gerçek şu ki bunu yapamazsınız, geleceği tahmin edemezsiniz. Ayrıca unutmayın ki siz olacaklardan değil, olabileceklerden endişe ediyorsunuz. Endişe, bir eylem planını teşvik etmedikçe hiçbir amaca hizmet etmez.

Geleceği merak etmek, planlamak ya da hazırlıklı olmak önemli olmakla birlikte, şu anda yaptığınız şey için verimsiz veya zararlı hale geldiğinde gelecekle ilgili takıntıyı bırakmak da aynı derecede önemlidir.

Gelecek hakkında çok fazla endişelendiğimizde riske attığımız üç şey:

1. Şimdiki Anı Kaçırmak

Sürekli gelecek için endişeleniyorsanız, şimdiyi yaşamaya zamanınız olmaz. Geleceğe takılı kalmanız, net bir şekilde düşünmenizi ve şu anda yaptığınız şeye tam olarak yatırım yapmanızı engeller. Bu, daha fazla gecikmeden üzerinde çalışmanız gereken bir şey. Bunu yapmazsanız, her zaman endişelenecek bir şey bulursunuz (çünkü gelecek asla gelmez) ve ayrıca yol boyunca bir ton enerji harcarsınız.

Bunun yerine, bir meditasyon pratiğine zaman ayırmayı veya rutininize farkındalık alışkanlıkları eklemeyi düşünün. Bu, şimdiki zamana daha fazla odaklanmanıza ve daha sonraki bir tarihte neyin olup olmayacağına dair daha az canınızı sıkmanıza yardımcı olacaktır.

2. Tükenmişlik

İşaretler bariz görünse de çoğumuz çok geç olana kadar tükendiğimizi bilmiyoruz. Gelecekle ilgili sürekli bir endişe halinde yaşarsanız, işlerin kötüye gitmek üzere olduğunu gösteren uyarıcı işaretleri kaçırmanız daha olasıdır. Geri çekilin ve tükenmişlik hissinden çıkmak için **şu anda** ne yapabileceğinizi düşünün.

3. İyi Bir İş-Yaşam Dengesi Kuramamak

Hepimiz daha iyi bir iş-yaşam dengesi istiyoruz, ancak gelecek için endişelenmek bunu başarmayı daha da zorlaştırıyor. Kontrolümüz dışında olan şeylere takılıp kaldığımızda, kontrolümüz altında olan şeylerin daha az farkına varıyoruz.

Artık gelecek hakkında endişelenmeyi bırakmak için birkaç nedeniniz olduğuna göre, şimdiki anı nasıl optimize edeceğinizi öğrenin. Bunu yaptığınızda, istediğiniz hayatı yaşayabileceksiniz. Gelecek hakkında endişelenmeyi tamamen bırakmayı asla öğrenemesek de bu endişeyi daha iyi yönetmemize yardımcı olacak yollar var, böylece kendimize biraz zaman kazandırabiliriz.

Endişeyi yönetmenin bir parçası da size neye mal olduğunun farkına varmaktır. Farkındalık yarattığımızda, bu maliyeti en aza indirmek veya ortadan kaldırmak için çözümler üretebilir ve rahatlama teknikleri ile zihinsel sağlığımızı iyileştirebiliriz.

Aşırı Düşünme Zincirinin Esiri misiniz?

Başlarken de söylediğimiz üzere, aşırı düşünmek, kırılması zor bir alışkanlıktır.

Belki de bu kitabı okurken bir yandan da gelecek hafta yapacağın sunum hakkında ters gidebilecek her şeyi düşünmeye devam ediyorsun.

Ya da iş görüşmesinde ne giyeceğine karar vermek için gereksiz uzun zaman harcarken sorulara cevaplarını hazırlamak için hiç zaman harcamadın.

Aşırı düşünmeye son vermeden önce, bunu ne zaman yaptığınızı anlamalısınız. Peki ne zaman fazla düşündüğünüzü nasıl anlayacağınız?

1 Soru
1 Cevap

Aşırı Düşünmek ve Problem Çözmek Arasındaki Fark Nedir?

Aşırı düşünmek, problem çözmekten farklıdır. Aşırı düşünmek, problem üzerinde durmakla ilgilidir, problem çözmek ise bir çözüm aramayı içerir.

Hava durumunda çok güçlü bir dolu yağacağını öğrendiğinizi hayal edin. İşte fazla düşünmek ve problem çözmek arasındaki fark:

Aşırı düşünmek: "Keşke dolu gelmeseydi. Korkunç olacak. Umarım arabam zarar görmez. Neden bunlar hep benim başıma gelmek zorunda? Onca hasar çıkacak, kim bilir bana kaça patlayacak! Bununla başa çıkamam."

Problem çözme: "Dolu gelmeden arabamı güvenli bir yere çekeceğim. Olası bir hasardan korumak için üstüne örteceğim. İyi ki önceden haberim oldu."

Problem çözme, üretken eyleme yol açar. Öte yandan, aşırı düşünmek rahatsız edici duyguları besler ve çözüm aramaz.

İşte aşırı düşünen biri olduğunuzu gösteren 10 işaret:

1. Utanç verici anları kafamda tekrar tekrar yaşıyorum.
2. Uyumakta zorlanıyorum çünkü beynim kapanmıyormuş gibi geliyor.
3. Kendime bir sürü "Ya .... olursa?" sorusu soruyorum.
4. İnsanların söylediği şeylerdeki veya gerçekleşen olaylardaki gizli anlamları düşünerek çok zaman harcıyorum.
5. İnsanlarla yaptığım konuşmaları kafamda yeniden şekillendiriyorum ve keşke şöyle söyleseydim ya da söylemeseydim dediğim her şeyi düşünüyorum.
6. Hatalarımı sürekli yeniden yaşıyorum.
7. Biri hoşuma gitmeyen bir davranışta bulunduğunda ya da söylediğinde, onu aklımda tekrar edip duruyorum.

8. Bazen çevremde neler olup bittiğinin farkında olamıyorum çünkü geçmişte olan şeyler üzerinde duruyorum ya da gelecekte olabilecek şeyler için endişeleniyorum.
9. Kontrolümde olmayan şeyler hakkında endişelenerek çok zaman harcıyorum.
10. Endişelerimi aklımdan çıkaramıyorum.

"Kalabalık bir
zihin, huzurlu
bir kalp
için boşluk
bırakmaz."

– Christine Evangelou

Aşırı Düşününce Beynimizde Ne Oluyor?

Aşırı düşünmek ne demek aşağı yukarı anladık. Peki ama aşırı düşününce beynimizde ne oluyor? Bu bölüm tam da bu yüzden yazıldı. Şimdi gelin hep beraber sahne arkasına geçelim ve strese girmeye başladığınızda beyninizde neler olduğunu daha net anlayalım.

Aşırı düşünmek sağlığınıza ciddi zarar verebilir ve vücudunuzda bir tür bozulma yaşamaya başlamanıza neden olabilir. Bir şey hakkında strese girmeye başladığınızda, ilk olarak, kaygı yaşamaya başlarsınız. Kısa vadede kaygı işe yarayabilir, çünkü kaygı uyarıcısı beyninizde kaç ya da savaş hormonları olarak bilinen bir dizi hormonu tetikler. Bu hormonlar, bir şey hakkında endişeli olduğunuzda hissettiğiniz enerji akışından sorumludur ve doğru şekilde yönlendirilirse, bu iyi bir şey olabilir. Bununla birlikte, uzun bir süre boyunca aşırı salındığında, bu hormonlar merkezi sinir sisteminizi sıfırlayarak uzun vadeli bir olumsuz etkiye neden olabileceğinden endişe tehlikeli hale gelebilir.

Endişe uzadığında, hormonlar merkezi sinir sistemi üzerinde çalışmaya başlar ve bu, mide bulantısı ve sersemlik hissi ile sonuçlanır. Dakikalar geçmeye başladıkça duygular daha da kötüleşir ve yoğunlaşır. Migren, konsantrasyon kaybı ve çarpık düşünce ile savaşırsınız ve birçok başka korkunç semptom kendini göstermeye başlar. Bu hemen engellenmezse, zihin de aynı anda çalışmaya başlayacak ve bu noktada zihnin işi büyük olasılıkla durumu olduğundan daha kötü göstermek olacaktır.

Aşırı düşünmeyle birlikte kaygı yükselmeye başlar ve aynı anda fiziksel belirtiler de artar. Semptomların zirve yaptığı panik atak durumuna düşebileceğiniz bir noktaya gelene kadar da yükselmeye devam eder. Özetle, bir şeyleri fazla düşünmeye başladığınızda vücudunuzda birçok şey olur. Bunların en çarpıcısı, beyin fonksiyonlarınızın azalmaya başlaması ve bu sebeple kötü kararlar vermeye yatkın hale gelmenizdir. Kontrol altında tutmazsanız, aşırı düşünme alışkanlığına sahip olmak, günler geçtikçe sağlığınız üzerinde kötü bir etkiye sahip olabilir.

Aşırı düşünme süreci gerçekleştiğinde, orada olmayan sorunlar yaratmaya başlarsınız. Daha sonra, bu sorunların gerçek ve geçerli olduğuna inanırsınız. Bu inançların bir sonucu olarak da endişe duymaya başlarsınız. Bir süre sonra düşünceler adeta felç edici bir hale gelir ve problem çözme yeteneğinizi engeller.

Herkes arada bir aşırı düşünürken, bazı insanlar sürekli bir düşünce yağmuru ile boğuşur. Kronik aşırı düşünenler, dün yaptıkları konuşmaları tekrarlar, verdikleri her kararı ikinci kez sorgular ve her gün feci senaryolar hayal ederler. Çok fazla düşünmek harekete geçmeyi engeller ve ruh hallerini altüst eder.

Aşırı düşünmek, tek başına tanınan bir zihinsel bozukluk değildir. Bununla birlikte, araştırmalar, genellikle diğer zihinsel sağlık koşullarıyla ilişkili olduğunu bulmuştur.

Yapılan çalışmalarda, aşırı düşünme ve diğer zihinsel sağlık sorunları arasında iki yönlü bir ilişki buldu. Uzmanlar buna "tavuk-yumurta" durumu diyor: Yüksek düzeyde stres, kaygı ve depresyon, aşırı düşünmeye katkıda bulunabilir. Fakat aynı zamanda aşırı düşünmek artan stres, kaygı ve depresyon ile de ilişkilendirilebilir.

1 Soru
1 Cevap

AŞIRI DÜŞÜNMEK
Kötü Bir Şey mi?

EVET. Aşırı düşünmek bir problemdir çünkü aslında makul olana karar verme sürecine müdahale eder. "Makul düşünmeyi" aşırı düşünmekle karıştırmayın. Örneğin bilgisayar programcıları, bir kullanıcının ihtiyaçlarını olabildiğince çok alanda tahmin etmelidir. Kaliteli bir ürünü garanti etmek için mümkün olduğunca düşünürler. Bu aşırı düşünmek değildir. ANCAK, bir programcı, geliştirilenleri sürekli gözden geçirirse, her şeyin yolunda olduğuna dair güvence verilmesine rağmen tekrar tekrar hata arar ve projeyi geciktirirse, işte o zaman aşırı düşünüyor demektir.

Aşırı düşünmek kendi başına tıbbi bir terim değildir, ancak araştırmalar, alışkanlığın sağlığımız üzerinde gerçek etkileri olabileceğini gösteriyor. Çoğu zaman, aşırı düşünmek olumsuza odaklanmayı içerir – geçmişi yeniden ele almak, kötü deneyimler üzerinde durmak veya gelecek hakkında endişelenmek. Bunun duygusal ve zaman maliyeti çok yüksektir, fakat faydası oldukça düşüktür. Aşırı düşünenler sürekli tereddüt eder, çok temkinlidirler ve çoğu zaman fırsatları kaçırırlar. Çünkü zihinlerinin içine o kadar hapsolmuşlardır ki çevrelerindeki fırsatları yakalamak için hareket dahi edemezler.

Olası en kötü senaryolar ve sonuçlar üzerinde düşünmek, yanlış yönlendirilmiş bir kendini koruma biçimi olabilir: "Otomatik olarak herkesin güvenilmeye değer olmadığını varsayacağım, böylece kimseye yaklaşmayacağım, böylece kendimi koruyacağım."

Başka bir deyişle, fazla düşünmek bizi beklenmedik durumlara o kadar da iyi hazırlayamaz. Beklenmedik bir durum olduğunda kafamızın içinde dönen senaryoların aksine başımıza gelenlerle gayet iyi başa çıkabildiğimizi görürüz.

Uzmanlar, fazla düşünmenin fiziksel sağlığı da etkileyebileceğini söylüyor. Olumsuz düşünceler ve kaygı ile uğraşan bazı hastalarda baş ağrısı, uyku sorunları, vücut ağrıları ve mide sorunları olduğu saptanmış. Aşırı düşünme, genellikle depresyon, kaygı, travma sonrası stres ve sınırda kişilik bozukluğu gibi zihinsel sağlık sorunlarıyla da ilişkilidir.

1 Hikâye

Üstat Nan-in, Zen öğretilerini yakından tanımak isteyen bir profesörü ağırlar.

Misafirine ilk olarak çay ikram eder. Yalnız Nan-in, profesörün bardağı dolduktan sonra bile çay koymaya devam eder ve bardak taşar. Bir süre sonra bu duruma anlam veremeyen misafir, tepki gösterir. *"Ağzına kadar doldu, daha fazla alamaz."*

Nan-in sakince yanıtlar. *"Aynı bu bardak gibi, sen de kendi düşüncelerin ve görüşlerinle dolusun."*

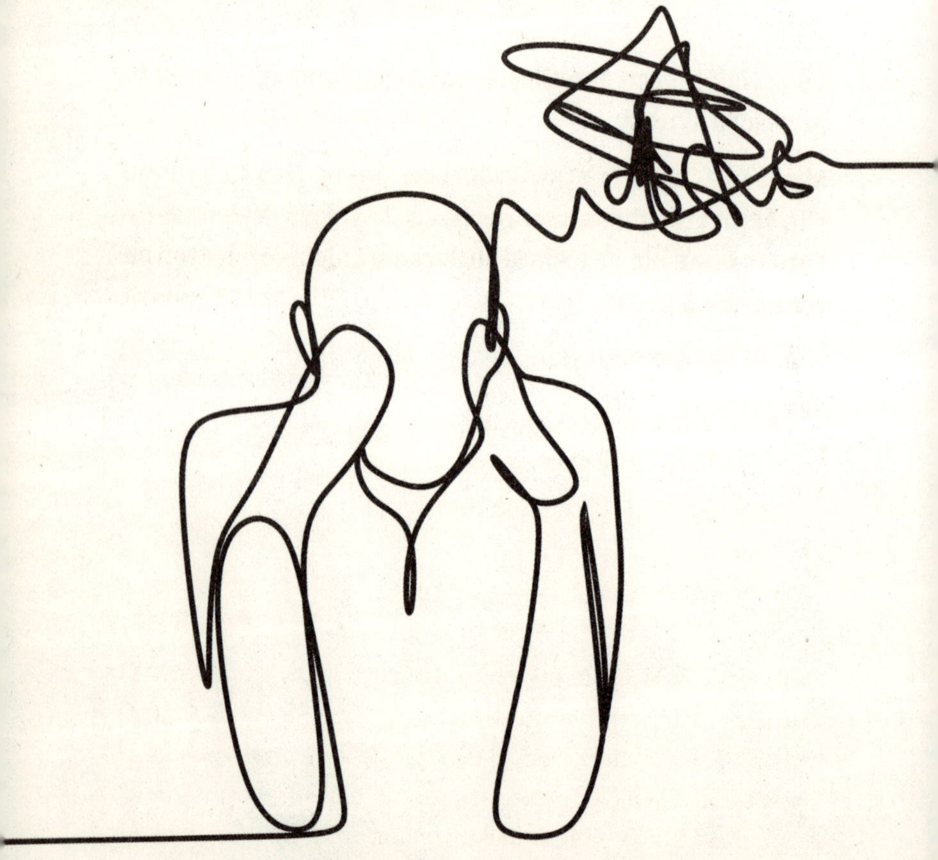

Aşırı Düşünmenin Sebepleri

Her insanın aşırı düşünmek için kendi bireysel nedenleri vardır. Bunlar bizim kendi içyapımıza ve kendi yaşamımıza bağlıdır. Bununla birlikte, dikkate alınması gereken bazı ortak temalar vardır. İşte bizi aşırı düşünmeye iten sebeplerden bazıları:

Stres

Zihnimiz çılgınca çözümler aradığında bu strese neden olur. Stresin olumlu yanı, gerçek sorunların bir sonucu olmasıdır. Yani bunların gerçek çözümleri olduğu anlamına gelir. Bu nedenle, sonunda bu sorunlar çözülebilir ve aşırı düşünmenin etkisinden kurtulabilir. Kaygı ve stres arasındaki fark, kaygının mantıksal veya gerçek nedenlerinin olmamasıdır.

Anksiyete

Anksiyete, aşırı düşünmenin önde gelen nedenidir. Uzmanlar her beş yetişkinden birinin yaygın kaygı bozukluğundan mustarip olduğunu bildirdi. Endişeler çoğu zaman mantıklı sebeplerle başlar, ancak genellikle çok daha az mantıklı yönlere doğru ilerler. Yanan bir ateş gibi, ne kadar çok düşünürsen o kadar büyür.

Kaygı ve aşırı düşünme çok yakından bağlantılıdır. Şimdiki anda yaşayamaz, geçmiş veya gelecek olaylar için endişeleniriz.

Depresyon

Aşırı düşünme, depresyona yol açabilecek sıkıntılı duygular yaratır. Depresif bir kişi genellikle işlerin ne kadar kötü olduğunu düşünür. Tekrarlayan düşünceler zihinlerinin etrafında dönüp durur. Bu süreç pişmanlığa, kendinden nefret etmeye ve suçlamaya yol açabilir. Ruminasyon genellikle depresyona doğru giden yolun kaldırım taşlarıdır.

Karar Verme Süreci

Konu karar vermek olduğunda çoğumuz aşırı düşünmeyle mücadele ederiz. Kararlar hakkında ayrıntılı düşünmenin normal olduğuna inanıyoruz. Peki alacağımız kararları gereğinden fazla düşünmek hangi noktada mantıksız hale geliyor?

Her gün birtakım kararlar ile karşılaşıyoruz. Hangi yemeği yiyeceğinizden kiminle evleneceğiniz veya hangi şirkette çalışacağınız gibi daha büyük kararlara kadar bir sürü seçim yapmanız gerekiyor. Gerçekten de bazı kararlar daha fazla düşünmeyi gerektirir. Ancak bu, bilinçli ve aktif bir düşünme biçimi olmalıdır.

Yanlış bir seçim yapabileceğimizi düşünmek felç edici olabilir. Yürümesi zor bir yoldur. Çoğu insan başarısızlıktan ya da hatalı olmaktan korktuğu için bu süreç içinde sıkışıp kalır. Küçük kararları fazla düşünmek bizi yoldan çıkarır. Harekete geçmek ve bir karara bağlı kalmak yerine, aşırı düşünen kişi onu parçalara ayırır ve entelektüel bir tartışmaya dönüştürür. Basit bir şey oldukça karmaşık hale gelir. Aşırı düşünmenin en büyük tehlikesi, gerçek bir sağlıklı düşünme sürecinin gerçekleşmesini engellemesidir. Bunun yerine, hiçbir gerçek anlamı olmayan bir sürü fikir ve senaryo zihnimizde uçuşup durur.

Aşırı Bilgi Yükü

Modern dünyamız her gün bizi yeni uyaranlarla boğuyor. Bu elbette aynı zamanda keyifle yaşanması gereken heyecan verici bir durum. Müzik, televizyon, sosyal medya ve daha pek çok kaynak bize her an erişilebilen bol miktarda bilgi sunuyor.

Bir düşünün, çok uzak olmayan bir geçmişte, televizyonda ne gösteriliyorsa onu izlemek zorundaydık. O zamanlar zamanımızı nasıl harcadığımız konusunda sınırlı seçenekler vardı ve bu nedenle düşünecek çok daha az şey vardı. Günümüzde o kadar çok seçeneğimiz var ki ne yiyeceğimize karar vermek gibi basit kararlar bile beynimizde aşırı yüklenmeye neden olabilir.

Böylesine enerjik ve bol seçenekli bir dünya ezici bir yer olabilir. Unutmayın ki fazla düşünen insan her şeyi çok daha fazla hisseder, görür ve duyar. Hayatın ince detayları zihinlerini ve anılarını doldurur. Düşünceler en küçük ayrıntısına kadar parçalanır. İşlenecek çok fazla düşünce olduğundan bu durum kaçınılmaz olarak tükenmişlik, endişe ve strese yol açar.

Olumsuzluk Önyargısı

Milyonlarca yıl boyunca insan sinir sistemi bugünkü haline evrildi. Ancak, insan yiyen yırtıcılarla karşı karşıya kalma riski olduğumuz zamankiyle aynı kaldı. Bizi güvende ve hayatta tutmaya yönelik bu tepki, tehditleri abartma ve fırsatları küçümseme eğilimindedir. Bu, olumsuzluk önyargısı olarak bilinir ve esasen bizim fabrika ayarımız olumsuza olumludan daha yoğun tepki vermektir. Bu durum gereğinden fazla düşünmemize ve endişelenmemize neden olur. Artık ilkel bir mağara türü değiliz. Modern dünya çok daha güvenli bir yer.

Uykusuzluk

Yatakta uyumaya hazırsın ama hâlâ tamamen uyanıksın. "İşe gitmeden önce uyumak için sadece sekiz saatim var" diye düşünüyorsunuz. Telefonunuzu kontrol eder, bazı bildirimler arasında gezinirsiniz ve böylece bir saat daha geçmiştir. Ama hâlâ gözünüzü kırpmadınız. Düşünceler zihninizi doldurmaya başlar, zihniniz bir türlü kapanmadığı için uyuyamaz.

Akıl Sağlığı

Gördüğünüz gibi, fazla düşünmek için çok sayıda neden var. Her bireyin kendi tetikleyicileri ve nedenleri mevcut. Bunlara Obsesif Kompulsif Bozukluk (OKB) veya Genel Anksiyete Bozukluğu (GAD) dahildir. Daha ciddi uzun süreli depresyon, aşırı düşünmeye neden olan bir tür akıl hastalığı da olabilir. Bu tür durumlardan mustaripseniz, lütfen tıbbi yardım alın veya bir akıl sağlığı uzmanına başvurun.

"Dünya hassas kalpler için cehennemdir."

– Goethe

Temel Değerlerimiz ve Aşırı Düşünme

Temel değerleri "neden"iniz olarak düşünün. Eylemlerinizi yönlendiren ve bilgilendiren, olmanız gereken kişi olarak görünmenize yardımcı olan ilkelerdir.

Temel değerler aynı zamanda fazla düşünmeyi azaltmak için filtre görevi de görürler. Değerleriniz size zihinsel bir kısa yol verir ve zihinsel döngülere yol açan içsel gerilimi çözmenize yardımcı olur.

Örneğin en önemli değeriniz dürüstlük ise ve işyerinde zor bir seçimle karşı karşıya kaldıysanız, kendinize "Hangi eylem beni dürüstlüğe yaklaştırır?" diye sorun. Temel değerlerinizle çatışacak eylemlerde bulunmamak daha az düşünmenize ve düşünce döngülerinde yorulmamanıza yardımcı olur.

Modern yaşamın zorluklarından biri, gerçekte neyin önemli ve öncelikli olduğunu belirlemek ve onları zamanımızı harcadığımız önemli sandığımız ama aslında üzerine düşününce önemsiz olduğunu gördüğümüz yükümlülüklerden ayırt etmektir. Bu kadar fazla uyaranın içinde yaşarken üzerimize yığılan bilgileri en aza indirmek, düzenlemek veya pas geçmek giderek zorlaşıyor.

Birçoğumuz kendimizi o kadar bunalmış hissediyoruz ki geri adım atıp durumu değerlendiremiyoruz. Kafamızda dönüp duran düşüncelere nasıl öncelik vereceğimizi de bilemiyoruz. Dikkatli bir şekilde bizim için en iyi olanı değerlendirmek yerine, hayatın bize fırlattığı şeylere karşı tepkisel davranıyoruz.

Dedelerimizin zamanında da insanlar en az bizim kadar meşguldü. Bize zaman kazandıran teknolojinin hiçbir avantajına sahip değillerdi. Fakat büyük bir avantajları vardı; onlar bizim gibi günün her saniyesi üzerimize yığılan bilgi ve seçimler yumağıyla uğraşmıyorlardı. Daha az para ve onları baştan çıkarabilecek veya akıllarını karıştırabilecek daha az seçenekle zamanlarını nasıl geçirecekleri konusunda nettiler. Güçlü, net değerleri vardı. Aileye olan inançları, ülkelerine bağlılıkları, sağlam iş ahlakı, o nesli tanımlayan değerlerdi. Kim olduklarını ve neyi temsil ettiklerini ve dolayısıyla zamanlarını ve enerjilerini nasıl odaklayacaklarını biliyorlardı.

Neyse ki modern toplumun "gürültüsünü" kesip etkili kararlar vermenize yardımcı olabilecek basit bir çözüm var. Aşırı düşünmenin önüne geçip daha tatmin edici bir yaşam sürmenin en basit yollarından biri, yaşamınız için önemli olan değerlerinizi ve yol gösterici ilkelerinizi tanımlamaktır.

Zamanımızı, enerjimizi ve paramızı nasıl harcamak istediğimizi netleştirmemize yardımcı olacak bu ilkelere modern dünyada her zamankinden daha fazla ihtiyacımız var. Temel değerlerimiz, hayattaki tüm seçimlerimiz ve kararlarımız için adeta bir ölçüm çubuğu işlevi görür ve hedefimize, olmak istediğimiz kişiye ve yaşamak istediğimiz hayata odaklanmamızı sağlar. Değerlerimizle uyum içinde yaşayarak mutluluk, iç huzuru ve net düşünme için en iyi ortamı yaratırız.

Temel değerler, zamana, yaşam zorluklarına ve büyük değişikliklere dayanırken yaşamınız için bir temel oluşturur. Temel değerlerinizi benimsemek, kökleri derin ve sağlam bir ağaç olmak gibidir, hayatın fırtınaları sizi yerinizden oynatmaz. Değerleriniz konusunda net olduğunuzda kafa karışıklığını, endişeyi, kaygıyı ve fazla düşünmeyi azaltırsınız.

Örneğin, Kerem'in profesyonel yaşamındaki temel değerlerinin özgürlük ve esneklik olduğunu varsayalım. Bu değeri tanımladıktan sonra, mutlu olmayacağını bildiği için, geleneksel 9-5 bir iş peşinde koşmaz. Önüne harika gibi görünen fakat 9-5 olan iş fırsatları geldiğinde bile, "Hayır, teşekkür ederim" diyebilir çünkü değerleri konusunda nettir. Üstüne günlerce hiç durmadan düşünmesine gerek bile yoktur.

Sahip olduğumuz değerler, hayat yolunda pusulamız gibi hareket ederler, böylece her geçen gün bizi yaşayabileceğimiz "en iyi" yaşam tanımımıza yaklaştıran rotada yürümemizi sağlarlar. Değerlerinizle uyumsuz yaşamak sizi rotanızdan saptırabilir, endişe ve depresif duygularınızın artmasını sağlayabilir. Değerlerinizin ne olduğunu bilmemek kendinizi amaçsız ve kaybolmuş hissetmenize, hayatınızın dengesiz olduğunu düşünmenize yol açabilir.

Temel Değerlerinizi Tanımlayın

Bir şeyin neden yanlış olduğunu anlamak, öncelikle sizin için neyin iyi olduğuna dair güçlü bir anlayışa sahip olmanızı gerektirir. "Nasıl bir insan olmak istiyorsunuz?" veya "Hayatınızı nasıl yaşamak istiyorsunuz?" gibi sorular aslında seçimlerimizin temelini oluşturan sorulardır. Fakat bugüne kadar değerlerinizi hiç tanımlamadıysanız, hayat yolculuğunda navigasyonsuz yol alıyorsunuz demektir. Önünüze çıkan sapakların ve engebeli yolların yönünüzü belirlemesine izin veriyor ve sonucu sorgulamadan kabul ediyorsunuz.

Değerlerinizi daha önceden tanımladıysanız bile ara ara onları gözden geçirmek gerekir çünkü zaman içinde her şey gibi değerlerimiz de zamanla değişir.

Peki, nedir bu temel değerler?

Temel Değerler Listesi	
1. Açıklık	**30.** Kararlılık
2. Adalet	**31.** Katkı
3. Anlamlı iş	**32.** Liderlik
4. Arkadaşlık	**33.** Macera
5. Aşk	**34.** Maneviyat
6. Bağlılık	**35.** Merak
7. Barış	**36.** Merhamet
8. Başarı	**37.** Meydan Okuma
9. Bilgelik	**38.** Mizah
10. Bilgi	**39.** Mutluluk
11. Büyüme	**40.** Nezaket
12. Cesaret	**41.** Orijinallik
13. Denge	**42.** Öğrenme
14. Din	**43.** Özsaygı
15. Dürüstlük	**44.** Özerklik
16. Eğlence	**45.** Popülerlik
17. Eser Verme	**46.** Saygınlık
18. Etki	**47.** Servet
19. Güvenilirlik	**48.** Sorumluluk
20. Güvenlik	**49.** Statü
21. Güzellik	**50.** Şöhret
22. Hakkaniyet	**51.** Tanınma
23. Hizmet	**52.** Topluluk
24. İç Ahengi	**53.** Üretkenlik
25. İnanç	**54.** Yeterlilik
26. İstikrar	**55.** Yetki
27. İtibar	**56.** Vatandaşlık
28. İtidal	**57.** Zevk
29. İyimserlik	

Temel değerler elbette bunlarla sınırlı değil. Bu listeyi uzatabiliriz, yukarıdakiler en çok sahip olunan genel değerlerdir.

Değerlerimizi tanımlarken aşağıdaki adımları izlemeniz size yardımcı olacaktır:

1. Bir kâğıt kalem alıp listeyi gözden geçirin ve sizin için hayati önem taşıyan değerleri sıralayın.
2. Listeyi tekrar gözden geçirin ve iş yaşamınız için önemli olan değerlerinizi sıralayın.
3. Her iki liste için de ilk beş ila altı değerinizi seçin ve bunları iki ayrı kâğıda yazın. Bir sayfaya "Yaşam Değerleri" diğer sayfaya "İş Değerleri" başlığını koyun.
4. Her değerin altında, şu anda bu değerle uyumsuz yaşamakta olduğunuz şeyleri listeleyin. Örneğin, değerlerinizden biri ailenizle kaliteli zaman geçirmekse ancak onlarla sadece haftada bir ilgilenebiliyorsanız bu değerinizle çatışıyorsunuz demektir.
5. Her bir uygulanamayan değeri düzeltmek adına yapabileceğiniz işlemleri düşünün. Kendinize sorun: "Bu durumu düzeltmek, temel değerlerimi uygulayabilmek için ne yapmam gerekiyor?" Örneğin temel değerlerinizde ailenizle kaliteli zaman geçirmek varsa ve yaptığınız iş buna engel oluyorsa, işinizle değeriniz çarpışıyor demektir. O halde işinizi değişmeniz gerekiyor. Eylemler şu anda imkânsız görünse bile bunları yine de yazın.
6. Bu adımları her iki listeniz için de gerçekleştirdiğinizde, şimdi veya yakın gelecekte yapılabilecek eylemlerin yanına bir artı işareti koyun. Bu eylemleri daha küçük, kolay halledilebilir adımlara ayırın. Bunlar programınızı yeniden düzenlemeyi, bazı sorumlulukları devretmeyi, olası başka bir kariyer için beyin fırtınası yapmayı içerebilir.

Hedeflerinizle uyumlu bir değerler listesine sahip olduğunuzda, bunu günlük olarak gözden geçirin ve gerçekleştirdiğiniz eylemlerin istenenlerle eşleştiğinden emin olun. Dilerseniz önce kişisel değerlerinizle başlayıp kariyer değerlerinize daha sonra geçebilir veya her iki listeden de birer değerle işe başlayabiliriz. Önemli olan hayatınız hakkında sizi en çok düşündüren alanla başlamanızdır.

Aşırı düşündüğünüz noktalar muhtemelen en çok içsel acıyı ve zihinsel karmaşayı hissettiğiniz alanlardır. Değerlerinizden farkında olmadan uzaklaşmanızı önlemek ve sınırlar oluşturabilmek için günlük eylem listenizi parçalayın. Hemen harekete geçemeseniz bile, size anlamlı gelen bir yön duygusuna ve bir amaca sahip olacaksınız.

Elbette hâlâ zaman zaman aşırı düşündüğümüz ve kaos hissettiğimiz anlar olacak, ancak bu değerler alıştırması bizim hayatın tüm iniş ve çıkışları arasında yolumuzu kaybetmeden rahatça yol almamızı sağlayacak.

Hayattaki Önceliklerinizi Belirleyin

Temel değerlerinizi tanımladıktan sonra; zamanınızı, enerjinizi ve paranızı tam olarak nasıl harcamak istediğinizi öğrenebileceğiniz hayatınızı zenginleştirecek, yaşam önceliklerinizi netleştirecek başka bir çalışmaya geçebilirsiniz.

Hayattaki önceliklerimizi bilmezsek, hayatın karşımıza çıkardığı zorlukların eylemlerimizi ve kararlarımızı belirlemesine izin veririz. Bir e-posta gelir ve biz yanıt veririz. Facebook sayfamızda cazip bir teklif belirir, biz de satın alırız. Biri iş akışımızı keser, biz buna izin veririz. Fakat unutmayalım, hayatımızın nereye gitmesini istediğimizi bilmediğimizde, bize yardım edecek hiçbir kural, sınır, öncelik yoktur.

Aşağıdaki soruları olabildiğince dürüstçe yanıtlayın:

- Temel değerlerinizle ilgisi olmayan faaliyetlere günde ne kadar zaman harcadığınızı hissediyorsunuz (ör. TV, alışveriş veya nefret ettiğiniz bir işte çalışmak)?
- Bilinçsizce ne kadar para harcıyorsunuz?
- Değer verdiğiniz insanlarla farkında olmadan nasıl iletişim kuruyorsunuz?
- Kariyer kararlarını nasıl veriyorsunuz? (ör. önceden belirlenmiş bir plan mı yoksa önünüze çıkanları mı değerlendiriyorsunuz)?
- Zamanınızı ve paranızı nasıl harcayacağınız konusunda endişelenmek için ne kadar vakit harcıyorsunuz?

Artık enerjinizi gerçekten nasıl harcadığınızı gördüğünüze göre, sıra hayatınızın önemli alanlarına öncelik vermek için ideal yolu belirlemekte. Önceliklerinizi ve zamanınızı nasıl geçirmek istediğinizi belirlemenize yardımcı olacak yedi ana yaşam alanına bakalım. Size uymadığını düşünüyorsanız bu alanlardan herhangi birini eklemek veya çıkarmak isterseniz, bunu yapmaktan çekinmeyin.

Alanlar şunlardır:

1. Kariyer
2. Aile
3. Evlilik (veya aşk ortaklığı)
4. Manevi/kişisel gelişim/kendini geliştirme
5. Boş zaman/sosyal
6. Yaşam yönetimi (yani, ev görevleri, finansal planlama, bütçeleme vb.)
7. Sağlık ve zindelik

Günde 8 saat uyursanız, geriye 16 saatiniz kalır. Günde 2 saati kişisel hijyen aktivitelerine ve yemek yemeye ayıralım. Bu, günde 14 saat veya haftada 98 saat uyanık kalıyoruz demektir. Basitlik olsun diye, hadi bunu haftada 100 saate yuvarlayın.

İdeal bir dünyada, hayatınızın bu yedi temel alanına nasıl öncelik verirdiniz? Her alana haftada bu 100 saatin kaç saatini ayırmayı tercih edersiniz? Size rehberlik etmesi için değerlerinizi kullanabilirsiniz.

İsmail yeni evlendiği için şu anki önceliği eşi, yeni doğan oğlu ve 70 yaşına basan anne babasıdır. Dolayısıyla şu anki hedefi, dünyada en çok sevdiği insanlarla mümkün olduğunca fazla zaman geçirmek.

Kariyeri (yani e-ticaret) ve fitliği yalnızca birkaç yıl önce en büyük öncelikleriyken, şimdi insanlarla ilişkilerinden daha az önemli. Çoğu zaman bu, bir zamanlar önemli görünen büyük hedeflerin "bırakılması" anlamına gelir. Yani İsmail hâlâ çok çalışmayı sevmesine rağmen, işle veya fit olmakla ilgili başarıya ulaşamazsa endişelenmemeyi ya da üzerine çok düşünmemeyi öğrendi.

Bu örnekten yola çıkarak önceliklerinizi bulmanıza yardımcı olmak için iki basit soruyu yanıtlamanızı öneririz:

1. Mevcut yaşam önceliğinizin gerçekliği, idealinizden ne kadar farklı?
2. Çabalarınızı sizin için gerçekten önemli olan şeylere odaklamak için yapmanız gereken bazı eylemler nelerdir?

Sadece yaşam önceliklerinizi belirtmek yeterli değildir. Hayatınızda görmek istediğiniz değişiklikleri sağlamak için gerekli olan zor eylemleri yapmak zorundasınız. Unutmayın idealinize ne kadar yaklaşırsanız, o kadar az içsle çatışma ve mücadele hissedeceksinizdir.

Düşünceler Aklımızda Yarışırken Ne Yapmalıyız?

Zihnimizde yarışan düşünceler hızlı hareket eder ve çoğu zaman bunaltıcı olabilen tekrarlayan düşünce kalıplarıdır. Tek bir konuya odaklanabilirler veya birden fazla farklı düşünce hattını temsil edebilirler. Mali bir konu, utanç verici bir an veya bir fobi hakkında birbiriyle yarışan düşünceleriniz olabilir.

Zihniniz yarışırken konsantre olmak ve bir şeyler yapmak zordur. Bazen sadece orada olmak veya bir sohbete devam etmek bile zor olabilir – zihniniz dakikada bir milyon km hızla hareket ediyor ve diğer herkes geride kalıyor! Beyninizin içinde yarışan düşünceler, endişenizi veya huzursuzluk duygularınızı artırabilir ve konsantrasyonunuzu bozabilir.

Düşünceler aklınızda birbiriyle yarış halindeyken şöyle hissedebilirsiniz:

"Yapmam gerekeni hep unutuyorum. Çok aptalım. Her şeyi hatırlamazsam kovulacağım. Böyle bir şey olursa ne yaparım bilmiyorum. O işi almalıydım. Altı ay önce bana teklif edildi. İşimi kaybedersem hiç param olmayacak. Bu işi sürdürmek için daha uzun saatler çalışmam gerekiyor. Bu beni daha çok bunalıma sokuyor. Çok mutsuzum. Ne yapacağım?"

Birbiriyle yarışan düşüncelerde mustaripseniz:

- Aklınız dakikada 100 km hızla gidiyor.
- Düşüncelerinizi yavaşlatamıyorsunuz.
- Zihniniz "kapanmıyor" ve tamamen rahatlayamıyorsunuz.
- Başka bir şeye odaklanmakta zorlanıyorsunuz.
- Önemsiz hale gelen bir problem hakkında düşünmeye devam ediyorsunuz.
- Felaketleştirmeye veya en kötü durum senaryolarını düşünmeye başlıyorsunuz.

Bazen yarışan düşünceler ilk başta olumlu ve heyecan verici gelebilir – sahip olduğunuz her fikir dâhicedir ve hemen şimdi harekete geçmeniz gerekir! Belki bu, birçok yeni projeye başlamak anlamına gelir veya belki de çevrenizdeki herkese ne düşündüğünüzü söylemeniz gerekir. Bir şey hakkında konuşmaya başlayabilir ve konuşma boyunca konuları değiştirebilirsiniz.

Başkaları fikirlerinizin ne kadar parlak olduğunu görmediğinde şaşırabilirsiniz veya kafanız karışabilir. Belki de ne söylediğinizi anlamakta güçlük çekiyorlar. Pek çok projeye başladığınızı ancak bitirmediğinizi fark ettiğinizde hayal kırıklığına uğrayabilirsiniz. Düşüncelerinizin ve sözlerinizin kontrolünü kaybetmek korkutucu gelebilir.

Birbiriyle yarışan düşünceler genelde uykuya dalmakta zorlandığınızda olur çünkü geceleri düşüncelerinizi yavaşlatamazsınız. Zihninizi sakinleştirmenize yardımcı olacak stratejiler, daha uzun vadeli tedavi seçenekleri ve bu yarış halindeki düşüncelerinize neyin sebep olabileceği hakkında bilgi edinmek için çaba sarf etmeniz gerekir.

İşte zihninizde durmaksızın yarışan düşünceleri yönetmek veya önlemek için atabileceğiniz birkaç adım:

1. Nefes Almaya Odaklanın

Birkaç derin nefes alın. Nefes alırken ve verirken saymaya odaklanın. Bu, zihninizi yarışan düşüncelerden başka bir şeye odaklanmaya zorlayabilir. Ayrıca merkezi sinir sisteminiz üzerinde kaygıyı azaltabilecek sakinleştirici bir etkisi olabilir.

2. Ağzınızı Açın ve Konuşmaya Başlayın

Zihnin konudan konuya atlarken veya istemediğiniz bir düşünceye odaklandığında, ağzınızı açın ve herhangi bir konuyla ilgili konuşmaya başlayın veya kâğıda yazı yazmaya başlayın. Bu zihninin ilgisini çekecek ve ona konsantre olacaktır. Tüm kontrolü eline alacak ve odaklanmayı seçtiğiniz konuda kelimeleri kendi yaratacaktır.

3. Yatmadan Önce Stresi Ortadan Kaldırın

Düşünceler genellikle geceleri uyumaya çalışırken ortaya çıkıyorsa, rahatlamak ve huzur içinde uyuyabilmek için yatmadan önce rutininizde değişiklikler yapın. Uykudan en az iki saat önce stresi ortadan kaldırmaya çalışın. Meditasyon veya hafif yoga yapabilir, rahatlatıcı bir kitap okuyabilir veya duş alabilirsiniz. Yatmadan önceki bir saat içinde tüm elektronik ekranlardan ve aşırı uyarıcı zihinsel faaliyetlerden kaçının.

Birbiriyle yarışan düşüncelere sahip olmak genellikle rahatsız edici ve korkutucudur, çünkü kontrolden çıkma duygusu yaratır. Ancak yarışan düşüncelere sahip olmak, kontrolden çıktığınız veya delirdiğiniz anlamına gelmez. Bu, endişeli olduğunuz ve stres seviyenizin normalden daha yüksek olduğu anlamına gelir.

Yeni alışkanlıklar geliştirmek zaman alır. Bu araçlardan hangisini kullanırsanız kullanın, sonuçları görmek için uzun bir süre boyunca düzenli olarak pratik yapmanız gerekecektir. Ne yazık ki birçok insan etkilerin hemen olmasını beklemekte ve uygulamayı çok erken bırakmaktadır. Bunun yerine tutarlı ve sabırlı olun. Yarışan düşünceleri kontrol altına alamadığınızı fark ederseniz, bir akıl sağlığı uzmanına danışmayı muhakkak düşünün.

*"Zihnimizin
kadehimize
doldurduğu
zehri içiyoruz
ve neden hasta
olduğumuzu
merak ediyoruz."*

– Atticus

Düşünme Denilen Her Şey Daha Çok Düşünülür: Beyaz Ayı Deneyi

Düşüncelerimizi bastırmaya çalışmak çoğu zaman geri tepebilir. Bir "beyaz ayı" hakkında ne kadar çok düşünmemeye çalışırsanız, onu düşünmeniz o kadar olasıdır. Bu "beyaz ayı" sizin eski sevgiliniz, canınızı sıkan iş arkadaşınız, geçmiş acılarınız veya gelecek kaygılarınız olabilir.

"Düşünme" demek adeta düşünce girdabına doğrudan inen bir halat görevi görür. Aklınıza getirmemek üzere bastırmaya çalıştığınız düşünceler size inat daha çok aklınızı kurcalar. Psikolojide buna beyaz ayı sorunu deniyor. Neden mi?

İşte size basit bir düşünce alıştırması: Beyaz bir ayıyı düşünmeden bir dakika geçirmeyi deneyin.

Gözlerinizi kapatın, zihninizi boşaltın ve ne yaparsanız yapın beyaz bir ayı düşünmeyin. Hazır mısınız? Bir dakika başladı.

Nasıldı? Bütün bir dakikayı beyaz bir ayı düşünmeden geçirebildiniz mi? Yoksa egzersiz boyunca bir noktada "beyaz ayı" kelimeleri –veya bir "beyaz ayı" görüntüsü– bilincinize istemsizce geldi mi?

"Beyaz ayı sorunu" ilk olarak 1980'lerin sonlarında sosyal psikolog Daniel Wegner tarafından incelenmiştir. İnsanlar belirli düşünceleri bastırmaya veya direnmeye çalıştıklarında, bunun genellikle geri tepebileceğini ve bu istenmeyen düşüncenin daha yüksek oranlarının zihninize girmesine yol açabileceğini keşfetti.

Örneğin, sigarayı bırakma sürecinde onu hiç düşünmemeye çalışan sigara tiryakileri genellikle bırakmakta daha zorlanırlar. Aynı durum kaygıya neden olan düşünceleri bastıran kişilerin daha endişeli hissetmesinde de geçerlidir. Wegner bunu "ironik düşünce süreci" olarak adlandırdı ve etkisi genellikle kişi stresli hissettikçe daha da artar.

Wegner'e göre, bir şeyi zorla düşünmemeye çalıştığınızda, zihninizin bir kısmı yasaklanmış düşünceyi bastırıyor, ancak zihninizin bir başka kısmı, düşüncenin ortaya çıkmadığından emin olmak için sık sık durumu "kontrol ediyor". Bu nedenle de –ironik olarak– düşünceyi akla getiriyor. Özetle, olumsuz düşünme biçimlerini bastırmaya çalışıyorsunuz ama aynı zamanda onları zihninize getiriyor ve bu fikri ustaca kendinize yerleştiriyorsunuz.

Buradaki anahtar ders, olumsuz düşüncelerimizi bastırmamıza gerek olmadığıdır, yani "beyaz ayı" düşüncesinden kaçınmaya çalışmamalıyız. Bunun yerine bu düşünceleri kabul edebilir, kucaklayabilir ve onları serbest bırakabiliriz.

Unutmayın ki olumsuz düşüncelerden kurtulma çabalarınız, endişelenmeye devam etmenizin ana nedenidir. Bu, sizde bir sorun olduğunu düşünmenize ve tüm endişeleriniz için kendinizi suçlamanıza neden olabilir. Her zaman bu sorunla boğuşacağınızı ve hayatınızda hiçbir endişesi olmayan "normal" insanlardan farklı hissedeceğinizi düşünebilirsiniz.

Müdahaleci Düşünceleri Önleyerek Başa Çıkma

"Düşünmek istemezsem hiçbir şeyi düşünmemekte oldukça iyiyim" diye içinizden geçiriyorsanız, muhtemelen siz "doğal baskılayıcı" olabilirsiniz. Bir düşünceyi düşünmeyi aktif olarak durdurmaya çalışmak yerine, baskıcılar kasıtlı olarak olumsuz müdahaleci düşünceden kaçınırlar. Bu kaçınma genellikle dikkati başka bir yere vermeyi ve gerekirse olumlu ruh hallerini artırmayı, böylece düşünceyi bastırmanın geri tepme etkisini azaltmayı içerir.

Genel anlamda, baskıcı başa çıkma yöntemi, olumsuz veya tehdit edici düşünceler üzerinde kontrol uygulamak için etkili bir kısa vadeli strateji gibi görünüyor, ancak baskıcı başa çıkmanın uzun vadeli sonuçları daha kötü sağlık sonuçları ile ilişkili olduğu için tavsiye edilmiyor. Neticede bastırılan her şey bir gün gün yüzüne çıkacaktır.

Müdahaleci Düşüncelerin Dikkatli Yönetimi

Öyleyse, onları düşünmeyi bırakmaya çalışmadan, bazı müdahaleci düşünceleri nasıl durdurabiliriz? Cevaplardan biri farkındalıktır.

Farkındalık, düşünce bastırma ile olumsuz ilişkilidir. Aslında, müdahaleci düşüncelerin oluşumunu yönetme ve azaltmada farkındalık uygulamalarının başarısı, düşünce bastırmayı engellemesinde yatar. Amaç, bu istenmeyen düşünceleri ortaya çıktıkça bastırmak değil, zihninizdeki yerlerini kabul etmek, onları kontrol ve analiz etmek veya değiştirmek için hiçbir çaba göstermemektir.

Bu, bir soruna en açık olan cevabın bazen en iyi cevap olduğuna dair güzel bir örnek. Sonuç olarak, farkındalık, nasıl düşündüğümüzün ve nasıl davrandığımızın bilişsel olarak yeniden yapılandırılması için alan yaratır ve araya giren düşüncelerin kontrolü için mükemmel bir yöntemdir.

Düşünceleri baskılamak, gününüzü zarar görmeden nispeten mutlu bir şekilde geçirmenize izin veren bir yöntem gibi görünse de düşüncelerin dikkatli yönetimi, sağlıksız düşünceleri zihinden atmak için en güvenilir yolu sağlayabilir.

Mükemmel İyinin Düşmanıdır

Mükemmeliyetçi ve aşırı başarılı kişilerin başarısız olma korkusu ve mükemmel olma ihtiyacı, onları her aldıkları kararı sorgulamaya veya eleştirmeye iten bir aşırı düşünme girdabına sokar.

Birçok kişi, mükemmeliyetçilik ve aşırı düşünmenin genellikle el ele giden iki kavram olduğunu keşfettiklerinde şaşırıyor. Başka bir deyişle, mükemmeliyetçi eğilimler çoğu zaman bazı şeyleri aşırı düşünmeye neden oluyor.

Genelde, "Bunu düşünmeyi bırak artık!" veya "Neden bu kadar mükemmeliyetçisin?" gibi cümlelerle karşılaşıyor olabilirsiniz. Üniversitede bir grup projesinde çalışırken, AVM'de nerede ve ne yiyeceğinize karar verirken, hayatınızın farklı alanlarında size söylenmiş sözler bunlar. Bunlar sizi istenmeyen bir yankı gibi takip eden ve "İşim bitti!" demenizi daha da zorlaştıran kelimeler veya ifadeler. Bu tarz mükemmeliyetçi takıntılar işin özüne saplanıp kalmanıza, acı çekmenize ve HER ŞEYİ yeniden düşünmenize sebep olurlar!

Mükemmeliyetçilik ve aşırı düşünme, aynı takıntıyı paylaşmayanlar tarafından olumsuz bir kişilik özelliği olarak görülüyor. Ve böylece, dünya bizi bu özelliklerin istenmeyen şeyler olduğunu düşünmeye şartlandırdı.

Örnekleyelim:

Kaan işini severken, bu kadar çok karar vermek onu strese soktu. "Doğru" seçimleri yapmak için değişkenleri analiz ederek, verimsiz zihinsel döngülerde saatlerini harcardı. Gelecek için endişelenir ve işlerin nasıl yanlış gidebileceğini hayal ederdi. Ardından, harekete geçmek yerine değerli zamanını ve enerjisini bu düşüncelere harcadığı için kendini yıpratırdı. Başka bir deyişle, mükemmeliyetçiliği, onu çoğu zaman durumları aşırı düşünmeye sevk etti. Kaan'ı, dünyayı diğerlerinden daha derinden analiz eden, yüksek başarı gösteren, duyarlı, çabalayan biri olarak adlandırabiliriz.

Araştırmalar, hassas insanların zihinsel işlemeyle ilgili alanlarda daha aktif beyin devrelerine ve nörokimyasallara sahip olduğunu gösteriyor. Bu, zihinlerinin yalnızca daha fazla bilgi almakla kalmayıp, aynı zamanda bu bilgiyi daha karmaşık bir şekilde işlediği anlamına gelir. Kaan gibi çabalayanlar, açıları ve nüansları keşfetme biçimleri nedeniyle genellikle alkışlanır. Ancak aynı zamanda strese ve bunalıma daha yatkındırlar.

Olayları derinlemesine inceleme, şüphesiz daha iyi sonuçlar üreten takdire şayan ve temel bir liderlik kalitesidir. Ancak Kaan ve onun gibiler için, karar vermede yararlı düşünce süreçlerinin aşırı düşünmeye dönüştüğü bir nokta var.

İşte, aşırı düşünme döngüsünü durdurmanın ve daha iyi, daha hızlı kararlara doğru ilerlemenin beş yolu:

1. Mükemmeliyetçiliği Bir Kenara Bırakın

Mükemmeliyetçilik, ya hep ya hiç düşüncesiyle çalıştığı için hızlı ve etkili karar vermenin önündeki en büyük engellerden biridir. Örneğin, mükemmeliyetçilik, "doğru" seçimi yapmazsanız (sanki tek bir doğru seçenek varmış gibi), başarısız olduğunuza inanmanıza neden olabilir. Veya bir hamle yapmadan önce her şeyi bilmeniz, her olasılığı tahmin etmeniz ve kapsamlı bir plan yapmanız gerektiğine inanabilirsiniz. Her olası sonucu ve düşünceyi tartmaya çalışmak felç edicidir.

Bu eğilimi engellemek için kendinize şu gibi sorular sorun:

- Hangi kararın en önemli önceliklerim üzerinde en büyük olumlu etkisi olacak?
- Memnun edebileceğim veya memnun etmeyeceğim tüm olası insanlardan hangisini en az hayal kırıklığına uğratmak istiyorum?
- Bugün yapabileceğim ve beni hedefime yaklaştıracak bir şey nedir?
- Şu anda sahip olduğum bilgilere dayanarak, bir sonraki en iyi adım nedir?

Ne de olsa, aylar veya yıllar sonrasını tasarlamaya çalışmak yerine kafanızı toparlamak ve bir sonraki adıma doğru harekete geçmek çok daha kolay.

2. Sorunu Doğru Boyutlandırın

Bazı kararlar üzerinde düşünmeye değerken, diğerleri değildir. Bir karara varmadan önce, hayatınızdaki hangi hedeflerin, önceliklerin veya insanların etkileneceğini yazın. Bu, neyin anlamlı ve neyin üzerinde kafa yormaya değmediğini ayırt etmenize yardımcı olacaktır.

Aynı şekilde, bir karar konusunda endişeleriniz varsa, 10/10/10 testini deneyin. Başarısız ihtimali sizi ele geçirdiğinde, bundan 10 hafta, 10 ay veya 10 yıl sonra vereceğiniz karar hakkında nasıl hissedeceğinizi bir düşünün. Cevaplarınız, olayları bir perspektife oturtmanıza ve harekete geçmek için ihtiyaç duyduğunuz motivasyonu toplamanıza yardımcı olabilir.

3. Sezginin Gücünden Yararlanın

Beyin bir durumu değerlendirir ve ardından en iyi kararı verir. Bu otomatik süreç, rasyonel düşünceden daha hızlıdır; bu, zamanın kısıtlı olduğu ve geleneksel verilerin bulunmadığı durumlarda sezginin gerekli bir karar verme aracı olduğu anlamına gelir. Aslında araştırmalar, sezgiyi analitik düşünceyle birleştirmenin daha iyi, hızlı ve doğru kararlar almanıza yardımcı olduğunu ve yalnızca zekâya güvenmektense işin içine sezgileri de katmak seçimlerinizde size daha fazla güven verir.

4. Karar Yorgunluğunu Azaltın

Her gün kahvaltıda ne yiyeceğinizden bir e-postaya nasıl yanıt vereceğinize kadar yüzlerce karar veriyorsunuz ve bunların her biri zihinsel ve duygusal kaynaklarınızı tüketiyor. Yorgun olduğunuzda fazla düşünme olasılığınız daha yüksektir, bu nedenle küçük kararları ne kadar ortadan kaldırırsanız, gerçekten önemli olanlar için o kadar fazla enerjiniz olur.

Beyin gücünüzü korumak için haftalık yemek planı veya kapsül gardırop gibi rutinler oluşturun. Benzer şekilde, örneğin standart protokolleri oluşturarak, yetki vererek veya kendinizi gereksiz toplantılardan uzaklaştırarak belirli kararları tamamen ortadan kaldırmak için fırsatlar arayın.

5. Yaratıcı Kısıtlamalar Oluşturun

Çalışmanın biz izin verdikçe genişlediğini belirten Parkinson Yasası'na aşina olabilirsiniz. Basitçe söylemek gerekirse, bir sunu oluşturmak için kendinize bir ay verirseniz, onu bitirmeniz tam bir ayınızı alacaktır. Ancak sadece bir haftanız olsaydı, aynı sunumu daha kısa sürede bitirirdiniz.

1 Soru
1 Cevap

Parkinson Yasası Nedir?

Parkinson Yasası, 1955 yılında ilk defa C. Northcote Parkinson'ın ele aldığı ve aslında bir işi yapmak için verilen süreye göre zamanın genişlediğini ifade eden bir terimdir.

Başka bir deyişle, aslında bir saatlik bir görev olan bir şey için endişelenmek için kendinize bir hafta verirseniz, aşırı miktarda zaman ve enerji harcarsınız.

Yaratıcı kısıtlamalar yoluyla hesap verebilirlik oluşturarak bu eğilimi frenleyebilirsiniz. Örneğin, seçim yapacağınız bir tarih veya saat belirleyin. Takviminize koyun, telefonunuza bir hatırlatıcı ayarlayın, hatta kararınızı bekleyen kişiyle iletişime geçin ve sizden ne zaman haber alabileceklerini bildirin.

Her şeyden önce, zihinsel derinliğinizin size büyük bir rekabet avantajı sağladığını unutmayın. Aşırı düşünmeyi kontrol altında tutmayı öğrendikten sonra edineceğiniz süper güç sayesinde çok daha hızlı ve sağlıklı kararlar alabileceksiniz.

1 Hikâye

Bir bilgenin öğrencileri bir gün sormuşlar:

"İnsanlar neden kötü düşünceleri daha kolay ve iyi düşünceleri daha zor tutunurlar? Neden iyi düşünceleri uzun süre muhafaza edemiyorlar?"

Yaşlı bilge:

"Peki ben size şöyle bir soru sorayım. Eğer iyi tohumu güneşte bırakırsak ve kötü, çürümüş tohumu toprağa gömersek ne olur sizce?" demiş.

"İyi tohum kuruyacak güneşte, kötü tohum ise hastalıklı filizler verecek ve sağlıklı bir meyve oluşmayacak" diye cevaplamış öğrenciler.

Bilge devam etmiş:

"İnsanlar da bu şekilde davranır; iyilikleri ruhlarında saklayıp filizlerini büyütmektense, açığa çıkarıp kaybediyorlar. Diğer yandan da kötü taraflarını başkalarından saklamak için içlerinde gizliyorlar. Onlar orada büyüyüp insanı kalbinden yok ediyorlar. Ancak siz, bilge olun."

Mütemadiyen Ergen:
Beynimize Söz Geçirebilir miyiz?

İnsanlar genellikle kontrolün düşündükleri ve hissettikleri ile ölçüldüğünü varsayarlar. Tuhaf veya mantıksız düşüncelere sahiplerse ya da son derece nahoş ve abartılı duygular yaşıyorlarsa, bunun "kontrolden çıktıkları" anlamına geldiğini düşünüyorlar. Bu fikirden hoşlanmadıkları için düşüncelerini ve duygularını kontrol etmekte zorlanırlar çünkü daha önce de bahsettiğimiz üzere düşünceleri ve duyguları ne kadar kontrol etmeye çalışırsanız, o kadar kontrolden çıkmış gibi görünürler.

Kontrol ne düşündüğümüz ve hissettiğimiz değil, ne yaptığımızla ilgilidir. Bu yüzden kanunlar beklenen ve kısıtlanan davranışları tanımlar. Toplum, insanların ne yaptıklarını, nasıl araç kullandıklarını, başkalarına nasıl davrandıklarını, sıralarını nasıl beklediklerini kontrol etmelerini bekler. Kanunlar ve sosyal normlarımız, insanların ne düşündüklerini ve hissettiklerini temel almıyor çünkü kimse bu şeyleri gerçekten kontrol etmiyor. Kontrol, ne yaptığınızla ilgilidir.

Yine de düşüncelerimizi ve duygularımızı kontrol edebileceğimizi veya kontrol edebilmemiz gerektiğini varsaymak insanlık halimizin bir parçasıdır. Endişeyle ilgili sezgisel içgüdümüz "bunu düşünmeyi bırakmaktır". Bu durum da geri teper, çünkü endişe sezgilere aykırı bir sorundur.

Beyniniz bir organ ve diğer organlar gibi onun da görevini başarması gerekiyor. Mideniz yiyecekleri sindirir. Böbrekleriniz atık ürünleri kan dolaşımından uzaklaştırır ve idrar üretir. Beyniniz, diğer şeylerin yanı sıra, sorunları tanımlar ve çözümler üretir. Aslında beynimizin yaptığı işlerin çoğu (dengeyi korumak, diğer organların ve bezlerin çalışmasını izlemek, acil durumları izlemek vb.) farkında olmadan gerçekleşir. Dikkatimizi çeken beyin aktivitesi –düşünme, hesaplama, sözel çalışma– aslında beyin aktivitesinin çok küçük bir kısmıdır ve serebral kortekste gerçekleşir.

Eski bir atasözü bize şöyle der: "Zihin harika bir hizmetkâr ama korkunç bir efendidir." Beyin faydalı bir araçtır. Köprüler tasarlamak, bir asteroide roket indirmek, hastalıklara çare bulmak için dikkatimizi ve düşüncelerimizi önemli konulara yönlendirebiliriz. Bununla birlikte, yapacak yeterli işi olmazsa, beynin yaramazlık yapması muhtemeldir.

Örneğin çok uzun süre yemek yemezseniz, mideniz sindirecek yiyecek olmadan sindirim işleri yapmaya başlayacak ve karın rahatsızlığı hissedecek ve midenizin utanç verici sesler çıkardığını duyacaksanız. Yani gerekli malzemelere sahip olmadığında bile amacını gerçekleştirmeye çalışıyor. Beyniniz için de durum aynı. Beyniniz çözmeye yetecek kadar probleme sahip değilse, bir şeyler uydurur ve onları çözmeye çalışır.

Bu kronik endişedir. Beyniniz problemler uydurur ve onları çözmeye çalışır. Siz de bu düşünceleri en az maaş hesaplamalarını ciddiye aldığınız kadar ciddiye alırsınız. Muhtemelen çok meşgul olmadığınızda daha fazla endişe duyduğunuzu, çözmeniz gereken faaliyetler ve problemlerle gerçekten meşgul olduğunuzda ise o kadar endişeli görünmediğinizi fark etmişsinizdir. Bu nedenle, endişe bir boş zaman etkinliğidir. Mevcut olan zamanı doldurmak için genişler veya daralır, çünkü diğer faaliyetlerimizin çoğu kadar önemli değildir. Beyniniz kelimenin tam anlamıyla sıkılmış bir köpek yavrusu gibi davranır, ayakkabılarınızı kemiriyor çünkü yapacak yeterli işi yok.

O köpeği, ayakkabılarınıı kemirmeyecek kadar iyi eğitebiliriz, özellikle de ona oyalanması için başka şeyler teklif edersek. Ancak, nasıl ki karnımızı aç olduğumuzda guruldamamak için eğitemeyeceğimiz gibi, beynimizi sorunları düşünmemesi için de eğitemeyiz (çünkü beynin temel amacı budur).

Bunun yerine, endişemizle ilişki kurma şeklimizi değiştirmemiz gerekiyor. Endişe verici düşünceler yaşadığımız gerçeğine karşı çıkmak yerine, nasıl kabul edeceğimizi ve onunla nasıl çalışacağımızı öğreneceğiz. Ayrıca endişeli düşünceleri, gelecekle ilgili önemli bir mesaj yerine, göz seğirmesi veya terli avuç içi gibi, sinirlilik ve kaygı belirtileri olarak algıladığımızda daha iyi olacağız.

“Endişe,
olmayan
bir borcu
ödemek
gibidir.”

– Mark Twain

"Ya .... Olursa?" Tuzağı

Bazen zihninizin size karşı çalıştığını hissedebilirsiniz. Siz hayatınızı yaşamaya çalışıyorsunuz ama beyniniz olabilecek kötü şeylere odaklanmaktan vazgeçmiyor. Aklınıza gelen şeyler gerçekten olacak olsun ya da olmasın, bu tür düşünceler sinir bozucu ve yorucu olabilir. Çünkü endişelenmek çok fazla enerji gerektirir!

Sürekli endişe duyduğunuzda hissettiğiniz duyguya kaygı denir. Vücudunuz gerilir ve zihniniz endişelendiğiniz şeye takılır. Başka bir şeye konsantre olmak neredeyse imkânsız hale gelir.

Gerçekten olabilecek bir şey hakkında endişeli hissetmek doğaldır. Örneğin, yeni bir şehre taşınmak üzereyseniz, elbette gergin olacaksınız, neticede tüm hayatınız değişmek üzere! Ancak oraya vardığınızda ve yerleşmek için biraz zamanınız olduğunda, hissettiğiniz endişe de muhtemelen azalacaktır.

Endişeleriniz, gerçekleşmesi pek olası olmayan bir şeyle ilgiliyse veya nispeten küçük bir şey için orantısız şekilde kaygılanıyorsanız, endişenizin mantıksız olduğu kabul edilir. Genelde endişelerimizin mantıksız olduğunu anladığımızda, bu şeyler hakkında endişelenmeyi bırakırız.

"Ya .... olursa?" cümlesi, tipik bir kronik endişe ifadesidir. Boşluğu herhangi bir felaketle doldurabilirsiniz. Ne seçtiğiniz önemli değil. Hepsi uyuyor! Hepsi uyuyor çünkü önünüzde "Haydi varsayalım" oyunu var.

Sorun şu ki bir süre sonra rol yaptığınızı unutuyorsunuz. Kronik endişeli çoğu insan gibiyseniz, zamanla bu düşüncelere o kadar alışıyorsunuz ki rol yapma kısmını fark etmeyi bırakıyorsunuz.

Muhtemelen bir süre sonra "Ya .... olursa?" cümlesini bile fark etmiyorsunuz. Bilinçli olarak fark ettiğiniz tek şey, iltihaplı ve abartılı felaket senaryolarıdır. "Ya .... olursa?" cümlesini fark etmediğinizde, sadece kötü haberlere ayrılmış, doğrudan zihninize ışınlanmış bir kablolu TV kanalı gibi tüm gün kötü ihtimallerle boğuşursunuz.

Örnek "Ya .... olursa?" cümleleri:

"Ya kanser olursam?"

"Ya ölürsem ve çocuklarım bensiz kalırsa?"

"Ya işten atılırsam ve kiramı ödeyemezsem?"

"Ya sevgilim beni aldatırsa?"

"Ya yolculukta bavulum kaybolursa?"

"Ya deprem olursa ve evim yıkılırsa?"

Genel olarak düşünceye değer veririz ve düşünceyi, milyarlarca yıllık evrimin en önemli temellerinden ve bizi hayvanlardan ayıran özelliklerimizden biri olarak düşünürüz. İnsan düşüncesine değer veriyoruz. Fakat özellikle kendi düşüncemize yüksek bir değer verecek kadar kibirliyiz. Düşüncelerimizin iyi, güçlü ve önemli olduğuna inanıyoruz. Endişeye yanıt verirken aynen bu şekilde davranıyoruz. Sonuçta kendi varsayımsal düşüncelerimizi önemli görmeseydik, bizi bu kadar üzmezlerdi!

Beynimiz harika bir problem çözme aracıdır. Gezegenin en büyük yırtıcısı olmamızı sağlayan şey, diğer tüm faktörlerden daha fazla (belki de başparmaklar hariç), beynimizdir. Beynimiz tekerleği, konuşmayı, yazıyı ve bir uzay gemisini bir kuyruklu yıldıza indirmek için gerekli hesaplamaları üretmiştir. Bununla birlikte, ne kadar akıllı olduğunuzun bir önemi yok, gün içinde aklınızdan geçen düşüncelerinizin büyük bir kısmı her zaman mantıksız ve saçmadır.

Olası her olayı veya sonucu sorgulamak, kendi yeteneklerimizden ve başkalarından şüphe duymamıza neden olabilir. İşin en kötü yanı, çoğu durumda bu soruları yanıtlamak için gerçekçi bir cevabımız dahi yok. Evet, bir cevabımız yok, bu yüzden ne olacağını tahmin ediyoruz veya olası senaryolar oluşturuyoruz.

Tüm bu varsayımsal süreç sadece felakete yol açar, çünkü bu soruların çoğu kaygı tarafından yaratılır ve onlara bulduğumuz cevaplar "en kötü durum senaryosuna" yol açan olumsuz cevaplar olur. Böylelikle döngü kontrolden çıkar.

Endişe "Ya .... olursa?" sorularını başlatır, soruları yanıtlayamadığımız için cevaplar uydururuz, fakat cevaplar daha fazla kaygıya neden olur, bu da daha fazla soruya neden olur ve döngü tekrar tekrar devam eder.

İşte bu, endişe ve kaygının korkunç dünyasıdır.

Kötü İlişkilerin
Aşırı Düşünme Üzerine Olumsuz Etkisi

Çocuklarınız sizi deli ediyor olabilir veya anne babanız sizden devamlı taleplerde bulunuyordur ya da belki patronunuz tam bir pisliktir. Eh muhtemelen eşiniz sizi anlamıyor, en yakın arkadaşınız ise nankör bir bencil.

Hayatınızdaki insanlara karşı ne sıklıkla sinirli veya öfkeli hissediyorsunuz?

Bu sorunun cevabı önemli, çünkü ilişki sorunları, insanları aşırı düşünmeye iten ve hayatta hissettikleri mutsuzluğu artıran sebeplerin başında gelir.

Hoş olmayan ve algılanan bir hafiflik üzerinde saatlerce güveç yapıyoruz. Arkadaşlarımızdan ve sevdiklerimizden kopuk, yalnız, izole ve sevilmemiş hissetmemek için kendimizden ödünler veriyor, zaman zaman onlarla yapacağımız konuşmaları kafamızda tekrar tekrar canlandırıyoruz.

Evet, insan sosyal bir canlıdır. Yani arada sırada da olsa başkalarıyla bir arada olmak zorundayız. Ancak, çoğu etkileşimin sizi olumsuz etkilediğini fark ettiyseniz, duygusal olarak kendinizi bomboş hissediyorsanız ya bu ilişkileri iyileştirmenin ya da bazı insanları hayatınızdan çıkarmanın yollarını aramalısınız.

Şimdi bir anlığına da olsa gözlerinizi kapayın ve hayatınızdaki insanlarla ilgili hiçbir endişeniz olmadığını hayal edin.

Nasıl? Kendinizi daha iyi hissettiniz, kabul edin.

Hayatımızdaki önemli insanlar zihinsel sıkıntının kaynağı olabilirler, özetle yakın ilişkilerimiz temel sorunlardan biri olmaya devam ediyor.

Peki nasıl oluyor da ilişkiler zihinsel yorgunluğumuzun büyük bir kaynağı olurken aynı zamanda da mutluluğumuzu bu kadar çok etkileyebiliyor?

Cevap: Önemli olan herhangi bir ilişkiye sahip olmak değil, yüksek kaliteli ilişkilere sahip olmaktır. Sevgilinizin, arkadaşınızın, ailenizin ya da iş arkadaşlarınızın olması, onlarla kaliteli ilişkilere sahip değilseniz, size bir şey katmaz, tersine sizden götürür.

Yüksek kaliteli ilişkiler şunları içerir:

- Taraflar ilişkiye öncelik verir.
- Açık iletişim vardır.
- Çatışmalara sağlıklı çözümler üretilir.
- Karşılıklı güven ve saygı vardır.
- Ortak ilgi alanları vardır.
- Asgari düzeyde duygusal ve/veya entelektüel yakınlık.
- Kabul ve bağışlama.
- Fiziksel temas (kişisel ilişkiler için).

Hayatımıza soktuğumuz insanları seçerken ve onlarla nasıl etkileşim kuracağımız konusunda karar verirken aktif rol almak bizim yararımızadır. İlişkileri oluşturmak, sürdürmek ve beslemek, iç huzuru ve mutluluğumuz için gereklidir.

İlişkilerimizde değişiklik yaratmayı başkalarına bırakmak yerine, başlamak için en iyi yer kendi içimizdedir. Aile üyelerimiz, arkadaşlarımız ve iş arkadaşlarımızın ilişki becerilerini geliştirmeleri gerekse bile, biz de kendi içimizde değişiklikler başlatarak hayatımızdaki stresi azaltabiliriz. Zaten başkalarını değiştiremeyiz; yalnızca çevremizdeki insanlarla nasıl etkileşimde bulunacağımızı ve onlara nasıl tepki vereceğimizi kontrol edebiliriz.

İlişkilerinizi düzene sokmak bazen tam da şu anlama gelir: Size acı çektiren, zihninizi yormaya devam edenlere elveda demek.

Bir ilişkiden vazgeçmek, sizi tüketmesine, geri çekmesine, gerçek benliğinize karşı kör edici veya daha da kötüsü, zehirli ya da taciz edici olmasına rağmen acı vericidir. Arkadaşlıklarımıza, evliliklerimize, iş ortaklarımıza ve aile üyelerimize çok yatırım yapıyoruz.

Çoğu zaman, yıllardır yakın ve derin bir ilişki içinde olduğumuz kişi veya kişiler, bize en çok acı veren ve kargaşaya neden olan insanlardır. Bu ilişkilerde bir noktada, acının ve zorluğun ilişkinin olumlu yanlarından daha ağır bastığını anlayacaksınız. Ve o ilişkiyi bırakmak, olduğunuz yerde kalmanın sefaletinden daha kolay görünmeye başlayacak.

Kötü bir ilişkiden kaçmak için illa şehrinizden ya da ülkenizden ayrılmak zorunda değilsiniz, ancak belirli insanları hayatınızdan çıkarmak ve buna bağlı kaldığınızdan emin olmak için bazı radikal kararlar almayı da düşünebilirsiniz.

Öncelikle bu nihai kararı vermenin kolay olmadığını kabul edeceğiz. Unutmayın, her ilişkide, bazı evrensel uyumsuzluk temaları vardır.

Bir ilişkiye elveda deme zamanı geldiğini şu işaretlerden anlayabilirsiniz:

- Sözlü, duygusal veya fiziksel taciz.
- Sahtekârlık, sadakatsizlik veya aldatma.
- Farklı temel değerler.
- Zarar verici olumsuzluk ve uyumsuzluk.
- Daimi ve zarar veren sorumsuzluk.
- Devam eden olgunlaşmamışlık ve duygusal manipülasyon.
- Çözümlenmemiş veya tedavi edilmemiş zihinsel sağlık sorunları.
- Bağımlılıklar (uyuşturucu, alkol, seks, kumar, pornografi)
- İletişim kurmayı, sorunları çözmeyi veya ilişkiye yatırım yapmayı reddetme.

Bu tarz ciddi durumların ötesinde, bazen bir ilişki sadece son kullanma tarihini tükettiği için de bitebilir. Acı çekmenize neden olan kişi eşiniz, ebeveyniniz, aile üyeniz veya yetişkin bir çocuğunuz olursa, onu öylece terk edemezsiniz. Ama daha iyi yönetebilirsiniz.

Tabii ki herhangi bir ilişkiyi yönetmek ya da bırakmak, çabuk karar verilmesi gereken bir iş değildir. Hayatınızın önemli bir parçası olan birinden ayrılmak aylar veya yıllar alabilir ve sonunda geriye fazlaca gönül yarası kalabilir.

İşte, tüm enerjinizi çeken, aklınızı darmaduman eden, sizi sürekli düşünmeye iten acı ilişkilerden nasıl çıkacağınıza dair bazı düşünce ve öneriler:

O kişi hayatınızdan çıkarsa ne olur?

Bir ilişkiyi bırakmak, o insanı yarı yolda bırakıyormuşsunuz veya çok acımasızlık yapıyormuşsunuz gibi hissettirebilir. Hatta bu kişiden uzaklaştığınızda kendinizi suçlu bile hissedebilirsiniz. Ama eğer bu ilişki size düzenli olarak rahatsızlık veriyor, aşırı düşünmenizi sağlıyor ve karşı taraf bunu dert etmiyorsa veda etmenin zamanı gelmiştir. Bitirmek isteyip istemediğinize karar vermekte sorun yaşıyorsanız, çevrenizde bu kişi olmasaydı hayatınızın nasıl olacağını bir düşünün. Rahatlamış hissedecek misiniz ya da daha özgür? Peki daha az endişeli veya stresli olacak mısınız?

Eğer o kişi olmasaydı, hayatınızın nasıl daha iyiye doğru değişebileceğini kendinize sorun. Düşünceleriniz suçluluk veya sorumluluk duygularınız tarafından gölgelenebilir, ancak bırakmanın olumlu yanlarını dürüstçe tartmaya çalışın.

"Hoşça kal" demenin sonuçlarını düşünün.

Bir ilişkiyi bitirmek, nadiren bir sorun olmadan gerçekleşir. Kararınız muhtemelen size yakın olan diğer insanları etkileyerek onları taraf seçmeye zorlayacaktır.

Sonuç olarak bazı insanlar sizi hayatlarından çıkarabilir. "Hoşça kal" dediğiniz kişi sizi sabote etmeye, arkanızdan konuşmaya veya bir şekilde sizi yaralamaya çalışabilir. Tepkileri beklediğinizden daha dramatik veya zarar verici olabilir.

İlişkiyi bitirmek düşündüğünüzden daha acı verici olduğunda, kararınız hakkında şüpheye düşersiniz ve kendinizi sorgularsınız. O yüzden bırakmadan önce, "Bu senaryoların her biri size nasıl hissettirecek?" sorusunun cevabını düşünmeyi ihmal etmeyin.

Ayrılığı kaldırabilir misiniz yoksa bunu sizi mutlu etmeyen bir ilişkiyi sürdürmekten daha fazla mı acı verici buluyorsunuz?

"Hoşça kal" gerçekten ne anlama geliyor belirleyin.

Bırakmak, bir ilişki için hiçbir iletişimin veya etkileşimin olmadığı kalıcı bir son anlamına gelebilir. Ama bu tüm ilişkiler için mümkün veya makul değildir. Bu sebeple "Hoşça kal" demek, bir kişiyle alışılmış ilişki kurma yolunu bırakmak ve daha zararsız, verimli bir yol uygulamak anlamına da gelebilir.

Aile üyeleri, yetişkin çocuklar veya eski bir eş ile olan ilişkileriniz her zaman tamamen kesilemez. Ama zihinsel ve duygusal sağlığınızı korumak için bu insanlarla geçirdiğiniz zaman ve onlarla nasıl iletişim kurduğunuz hakkında sınırlar koyabilirsiniz.

Öncelikle "Hoşça kal" sizin için tam olarak ne anlama geliyor buna karar verin. Bu kişiyle ne kadar zaman geçirmek istiyorsunuz? Onlarla nasıl ve ne sıklıkla iletişim kurmak istiyorsunuz? Artık neye tahammül etmeyeceksiniz?

Bu kararlar konusunda aktif rol almak, nasıl ilerleyeceğiniz konusunda daha kontrollü ve sakin hissetmenize yardımcı olur.

Düşüncelerinizi karşı tarafı suçlamadan iletin.

Bir arkadaşınızla veya aile üyenizle araya mesafe koymak için herhangi bir açıklama veya konuşma yapmadan sadece soğuk davranmanız yeterlidir. Bu en kolay çıkış yolu olabilir ama doğru ve nazik bir yol değildir. Evet, bu kişi neşenizi ya da yaşam enerjinizi son damlasına kadar emiyor olabilir, ama yine de bir açıklamayı ya da en azından bir uyarıyı hak ediyor.

"Hoşça kal" demek veya etkileşimlerinizi azaltmak için bir tartışmaya girmenize gerek yok. Ayrıca karşı tarafı suçlamanıza veya kırıcı davranmanıza da gerek yok. Olgun bir yetişkin gibi davranın ve onun yerinde olsaydınız ne duymak isterdiniz onu dikkate alın.

Yüz yüze bire bir yapılan konuşmalar genellikle bunu yapmanın en iyi yoludur, ancak bu kişiyi en iyi siz tanırsınız. Çok fazla tepki veya öfke bekliyorsanız, belki bir e-posta veya telefon görüşmesi yüz yüze görüşmekten daha iyi olabilir. Özetle, konuşmanızda onların kusurlarına odaklanmak yerine, görüşmeyi kısa tutun ve kendi duygularınıza odaklanın.

"Arkadaşlığımıza ara vermem gerekiyor. Uyumsuz olduğumuzu düşünüyorum ve şu anki halimiz beni üzüyor" gibi bir şey söyleyebilirsiniz. "Elbette seni umursuyorum, ama benim bir süre uzaklaşmam gerekiyor. Sana bir şey söylemeden bunu yapmak istemedim."

Kendinize üzülmek için izin ve zaman verin.

Bir gün yoluna gireceğini umduğunuz bir ilişkinin sona ermesi acı vericidir. Ancak, artık ilişkinin zor taraflarıyla uğraşmak zorunda olmadığınız için rahatlayabilirsiniz. Artık daha fazlasına sahip olabilir, her gün daha az hayal kırıklığına uğrayabilir ve duygusal enerjinizi artırabilirsiniz. Ancak, hüznün kendine ait bir zamanı bir vardır.

Hiç beklemediğimiz bir anda bize gizlice yaklaşır. Kendinizi üzülmemek için zorlamayın ya da sırf canınız yanıyor diye kararınızı sorgulamayın. Çünkü hüzün böyledir, kafa karıştırıcıdır. Üzüntüyü, ayrılık sürecinin normal bir parçası olarak görürseniz, daha çabuk geçer ve ilişki sırasında azalan iç huzurunu ve sevinci yeniden kazanmanızı sağlar.

Gördüğünüz gibi, insanları hayatınızdan çıkarmak zor olabilir, ancak aynı zamanda oldukça da ödüllendiricidir. Çünkü sizi aşırı düşünmeye iten zararlı ilişkilerden kurtulduğunuzda size huzur veren ve size gerçekten iyi gelen insanlarla vakit geçirmek için özgür kalırsınız.

Aşırı Düşünmeyle Mücadelede İlk Adım: Önce Fark Et, Sonra Kabul Et

"Burada fark edilecek ne var?" diye soruyorsanız cevap: Endişe verici bir düşünceniz olduğu gerçeği!

Bu tarz düşünceler size değerli hiçbir şey sunmaz ve muhtemelen daha önce birçok kez bu düşüncelerle mücadele ettiniz, onları kafanızdan atmayı başardınız, ama işte yine buradalar. Sizi telefonunuza gelen reklam mesajları misali sürekli rahatsız ediyor.

Bu endişe verici düşüncelerle pek çok deneyiminiz olmasına ve onlardan hiç zarar görmemiş olmanıza rağmen, yine de o düşüncelere korkuyla yanıt veriyorsunuz çünkü merak ediyorsunuz: Ya bu aklıma gelenin başıma geldiği zamansa?

Düşüncemizin içeriğini ciddiye almak için işte bu düşünceyle kandırılırız. Aklımıza gelenin başımıza gelmeyeceğinden emin olmayı isteriz, ama elbette bu kesinliğe hiçbir zaman sahip olamayız.

Bir beynimiz ve düşüncelerimiz var. Onu görmezden gelmeye ya da orada değilmiş gibi davranmaya çalışmamıza gerek yok. Onu görmezden gelmekte yanlış bir şey yok, ama düşünceyi görmezden gelmek için harcadığınız çaba, onu daha çok düşünmenize sebep oluyorsa o zaman düşünceyi görmezden gelmeye çalışmak çok da mantıklı olmuyor.

Bu düşünceleri kimin için fark ediyoruz? Genellikle sadece kendimiz için. Bu, endişe verici düşüncelerin varlığını fark ettiğimiz, onları direnmeden veya bastırmadan kabul ettiğimiz ve bir sonraki adıma geçtiğimiz içsel bir süreçtir.

Peki ama neyi kabul edeceğiz? Hoşlanmadığınız bir düşünceye sahip olduğunuz gerçeğini! Düşüncenin içeriğine katılabilirsiniz veya katılmayabilirsiniz. Bunu makul bulabilir veya itici bulabilirsiniz. Hiç önemli değil! Hangi düşüncelere sahip olup hangi düşüncelere sahip olmayacağınızı seçemezsiniz - kimse seçemez! Düşünceyle çelişmeye, onu çürütmeye, onu ortadan kaldırmaya ya da kendinize güven vermeye çalışmanıza gerek yok. Bunun muhtemelen hiçbir faydası olmayacaktır.

Unutmayın, kimse sizden düşüncelerinizi kontrol etmenizi beklemiyor. Eylemlerinizden sorumlusunuz ve eylemlerinize göre yargılanacaksınız. Düşüncelerle değil! Öfkeli bir düşünceye, kıskanç bir düşünceye, seksi bir düşünceye, çılgınca bir düşünceye, nazik bir düşünceye, kaba bir düşünceye, utanç verici bir düşünceye sahip olabileceğiniz gibi, endişe verici bir düşünceniz de olabilir.

Yani tamam - aklınıza gelen her türlü düşünceye sahip olmanıza izin verebilirsiniz, aynı midenizin çıkarabileceği her türlü gürültüye sahip olmanıza izin vereceğiniz gibi, aynı şekilde, herhangi bir tepkiye sahip olmanıza izin vereceksiniz. hoş olmayan koku. Bir başkası midenizin guruldadığını duyarsa ve kendinizi mahcup hissederseniz, dilerseniz "Özür dilerim" diyebilirsiniz. Kimse düşüncenizi duyamaz, bu yüzden özür dilemek için bir sebep yok; düşüncelerinizi kontrol etmiyorsunuz, bu yüzden yargılamaya gerek yok. İşte buradasın, eğer bir seçim yapabilseydin, sahip olmayı seçmeyeceğin bir düşünceye sahipsin ki yapamazsın.

Peki, bu düşüncelerden birini tekrar yaşadığımızı fark ettiğimizde kendimize ne söyleyebiliriz? "Aman neyse ne!" cevabı bir düşünceyi bırakmanın en etkili yollarındandır. Daha karmaşık, daha güçlü bir cevap gerekli diye düşünmüştünüz, değil mi?J

Siz düşüncelerinizi kontrol etmezsiniz, düşünceleriniz de sizi kontrol etmez. Otomatik düşünceler söz konusu olduğunda, yazardan çok bir kitabın okuyucusu gibiyiz, bu nedenle düşüncelerimizi kontrol etmek için mücadeleye girmemize gerek yok. Sahip olduğunuz düşünceleri seçemezsiniz veya göz ardı edilmesi gerektiğini düşündüğünüz düşünceleri yok sayamazsınız.

Fark etmek ve kabul etmek muhtemelen en önemli ve en güçlü adımdır. Bunu mümkün olduğunca basit bir şekilde tanımlıyoruz, ancak bu kolay olduğu anlamına gelmiyor. Nefret ettiğiniz ve korktuğunuz düşüncelere karşı kabul edici bir tutum geliştirmek, genellikle uzun, kademeli bir süreçtir, hızlı ve eksiksiz bir şekilde ulaştığımız belirli bir hedeften ziyade tüm hayatımız boyunca üzerinde çalıştığımız bir görevdir. Bu, basitçe "yaptığınız" bir şey değil, zamanla pratik yaptığınız ve edindiğiniz bir alışkanlıktır.

Endişe verici düşüncelerinizle farklı şekilde başa çıkmak için kendinizi eğitmek, daha çok kendinizi forma sokmak için egzersiz yapma veya diyet yapma ve kilo verme süreci gibidir. Geliştirmek ve aradığınız sonuçları elde etmek için bazı adımları öğrenmeniz, uygulamanız ve sürekli olarak izlemeniz gerekecektir.

Diyetle ilgili en önemli şey, her gün sağlıklı bir mönü yeme ve düzenli egzersiz yapma alışkanlığını kazanmak ve takip etmektir. Bu, tartıdaki kilonuzdan daha önemlidir, çünkü iyi alışkanlıklarınıza devam ederseniz, kilonuz ve fiziksel durumunuz genellikle aynı hizaya gelir. Aynı şekilde, burada da en önemli nokta, bugün kaç tane endişe verici düşünceye sahip olduğunuz değil, endişe verici düşüncelere nasıl tepki vereceğinize dair düzenli bir alışkanlık edinmektir. Yani aslında önemli olan doğru yönde hareket etmektir. Ne kadar hızlı ya da ne kadar zarif gittiğiniz çok da önemli değildir.

Aklınızdaki endişeli düşüncelere yanıt vermenin bazı iyi yollarını bulmak için, önce şu anda karşı karşıya olduğunuz durumu netleştirin. Bunu şu iki soruyu kullanarak yapabilirsiniz: Çevrenizdeki dış dünyada şu anda var olan bir sorun var mı? Varsa, şimdi değiştirmek için bir şeyler yapabilir misiniz?

İki "evet" yanıtından başka bir şey cevabınız varsa o zaman dış dünyanızda çözebileceğiniz bir sorununuz yok demektir. Sizin endişelenme sorununuz var demektir ve sahip olduğunuz şey, gerginlik duygusudur.

Gergin hissetmek sorun değil. Muhtemelen bu duygudan gerçekten hoşlanmıyorsunuz, ama bu, bir orman yangınında kamp yapmak gibi değil, rahatsız edici derecede sıcak bir odada oturma deneyimine benziyor. Yani rahatsızlıktır, tehlike değil. Rahatsız edici derecede sıcak bir odada oturuyor ve bir orman yangını hakkında okuyor veya bir orman yangını hakkında bir film izliyor olabilirsiniz, ancak film ne kadar gerçekçi olursa olsun veya açıklama ne kadar canlı olursa olsun, bu yine de sadece bir rahatsızlık duygusudur, tehlike değil.

Karşılaştığınız sorun, endişenizin felaket maddesinde açıklanan sorun değil. Karşılaştığınız sorun, endişe verici düşünceye tepki olarak yaşadığınız rahatsızlık ve bu düşünceyi ciddiye alıp ona direnme konusundaki doğal eğiliminizdir.

Olumsuz Düşünme (Bilişsel Çarpıtma) Alışkanlıklarımız

Lunaparktaki sihirli aynaları bilir misiniz? Aynaların arasında yürürken yansımanızın daha uzun, daha ince, daha kısa veya daha geniş olduğunu görüp güldüğünüz oldu mu hiç?

Bu sihirli aynalar, yansıyan görüntüyü bozmak için ışıktaki değişimleri kullanır. Endişeli veya stresli olduğumuzda, beynimiz o lunapark aynası gibi davranabilir ve gerçekliği, bizi doğru olmayan bir şeye inanmaya ikna edecek şekilde çarpıtabilir. Bu bilişsel çarpıtmalar, kaygı ve/veya depresyon belirtilerini artırabileceği veya şiddetlendirebileceği, ilişkileri olumsuz yönde etkileyebilecek şekillerde tepkisel veya dürtüsel davranmamızı etkileyebileceği gibi, ihtiyacımız olan şeylerden kaçınmamıza da sebep olabilir.

Bilişsel çarpıtmalar, gerçekçi olmayan, abartılı ve genellikle hatalı kendi kendine konuşma biçimleridir. Ve bu alışılmış yanlışlıklar veya çarpıtmalar, genellikle aşırı güçlü olumsuz duygular şeklinde, nasıl hissettiğimizde çarpıtmalar yaratma eğilimindedir.

Bir pazar günü, öğleden sonra patronunuzdan mesaj aldığınızı varsayalım: "Pazartesi sabahı mümkün olan en kısa sürede konuşmamız gerekiyor. Lütfen içeri girdiğiniz zaman ofisime gelin."

Şimdi, bunun hakkında iki farklı düşünme biçimi hayal edin:

"Al işte, kesin beni kovacak, biliyorum. Geçen hafta o sunumu mahvettiğim için böyle oldu."

"Hımmm... Bu kulağa biraz olumsuz geliyor ama konu her şeyle ilgili olabilir."

İlk yanıtta da bilişsel çarpıtma var:

"Beni kovacak, biliyorum." Psikologların "zihin okuma" dediği şey budur ve doğru olup olmadığına dair herhangi bir kanıt olmadan bir başkasının ne düşündüğünü tahmin ettiğimizde gerçekleşir.

"Bu sunumu tamamen mahvettim..." Buna da "büyütme" denir. Bir hata yaptığımızda ve onu orantısız hale getirdiğimizde olan şeydir.

Her iki durumda da kendimizle konuşma şeklimiz muhtemelen gerçekçi olmayan bir şekilde olumsuzdu. Ve sonuç olarak, muhtemelen korku, endişe veya utanç gibi olumsuz duygular yaşadık.

Peki, bu bilişsel çarpıtmalar neye benziyor?

İşte bazı yaygın örnekler:

Aşırı Genelleme:

Aşırı genelleme, kanıtları uygun olanın ötesine genişlettiğimiz zamandır.

ÖRNEK: Uçağımızın rötar yaptığı söylendikten sonra: "Başka türlüsü olsa şaşardım! Benim bindiğim uçaklar hep rötar yapıyor."

"Yapamam" Alışkanlığı:

Otomatik olarak bir meydan okumayla başa çıkamayacağınızı varsayıyor ve denemeden pes ediyorsunuz. Genellikle bu endişe ve üzüntüye neden olur.

Örnek: "Diyet yapmayı denemiyorum. Ne de olsa başaramayacağımı biliyorum."

Felaket Yaratma Alışkanlığı:

Belirsizlikle karşı karşıya kaldığınızda felaket bekliyorsunuz ve "Ya .... olsaydı?" düşünceleriniz oluyor. Sık sık gereksiz yere panik ve endişeli hissediyor, en kötüsünün olacağını düşünüyorsunuz.
Örnek: "Sınavda başarısız olursam ne olur? İyi not alamam. Eğer iyi bir not alamazsam istediğim üniversiteye giremem, o zaman da hayatım biter."

Mükemmeliyetçilik Alışkanlığı:

Hayatı uç noktalarda görüyorsunuz. İşler ya mükemmel ya da tam bir başarısızlık. Bir şeyler ya doğru gidiyor ya da hepsi yanlış.
Örnek: "Bu testten %95 aldığıma inanamıyorum. Ben tam bir başarısızım."

Negatife Odaklanma Alışkanlığı:

Negatif veya utanç verici deneyimleri büyütüyor ve pozitif veya nötr olan her şeyi filtreliyorsunuz. Olumsuz olayları orantısız bir şekilde şişirir, herhangi bir olumlu olayı diskalifiye edersiniz.
Örnek: "Bütün bulaşıkları lavaboda bıraktığına inanamıyorum. Bana nasıl yardım edeceğini hiç düşünmüyor."

Hemen Sonuca Varma Alışkanlığı:

Olayları herhangi bir gerçek olmadan olumsuz yorumluyorsunuz.

- **Akıl okuma:** Kanıt olmadan başka birinin sizin hakkınızda eleştirel veya olumsuz bir şey düşündüğünü varsayıyorsunuz.
  Örnek: "Bana nasıl baktıklarını gördün mü? Benim tam bir ezik olduğumu düşünüyor olmalılar. Asla benim arkadaşım olmak istemeyecekler."
- **Falcılık alışkanlığı:** Gelecekten en kötüsünü bekliyorsunuz.
  Örnek: Bu havada arkadaşlarımla buluşamam. Dönüşte kesin sırılsıklam olurum, taksi de bulamam zaten, tam bir felaket olur.

Seçici Hafıza ve Dikkat Alışkanlığı:

İnançlarınızı doğrulayan bilgilere dikkat eder ve inançlarınızla çelişebilecek diğer bilgileri görmezden gelir veya "unutursunuz".

Örnek: "Uçağın düşeceğini biliyorum. Uçak kazalarını haberlerde gördünüz mü? Tam da böyle havalarda oluyor kazalar."

Etiketleme Alışkanlığı:

Etiketleme, kendimizi veya başkalarını aşırı bir şekilde, genellikle olumsuz olarak tanımladığımız zamandır. İnsanlar ve onların benlik algısı (bizimki de dahil) oldukça karmaşık ve sürekli değiştiği için, Etiketleme her zaman yanlış bir aşırı basitleştirmedir.

Örnek: "Eşimden kibar bir davranış beklemem hata olur. O tam bir kütük."

Muhtemelen bunlardan birkaçını sahip olduğunuz olumsuz düşünme alışkanlıkları olarak tanıyorsunuzdur. İyi haber şu ki bu düşünce alışkanlıklarını değiştirmek için bir şeyler yapabilirsiniz. Sabır, pratik ve bilinçli bir çaba ile daha olumlu düşünmeye başlayabilir ve hayatınızdaki kaygı ve depresyonun azaldığını fark edebilirsiniz.

Düşüncemizi çarpıttığımız bu alışılagelmiş yolları tanımakta daha iyi olabilirsek, onları düzeltmemiz, daha gerçekçi düşünmemiz ve sonuç olarak o kadar da kötü hissetmememiz çok daha olasıdır.

Size tavsiyemiz en yaygın düşünme alışkanlıklarınızı belirleyin. Olumsuz düşünme alışkanlıklarınızı tetikleyen olayları veya durumları belirlemenize yardımcı olmaya başlamak için bir günlük tutun.

Düşüncenizi Değiştirmeye Başlayın

Olumsuz düşüncelere meydan okuyun:

Olumsuz düşünce: "Basketbol takımına giremeyeceğimi biliyorum."

Doğru düşünce: "Elimden gelenin en iyisini yapabilirim. Gerçekten çok çalışıyorum ve yapabileceğimi biliyorum."

Doğrulama Kontrolü:

Bu korku/inanç için hangi kanıtlara sahibim?

Bunun olacağından yüzde yüz emin miyim?

Başka açıklamalar olabilir mi?

Kendinize sorun:

Olabilecek en kötü şey nedir? Ben halledebilir miyim?

Daha önce ne oldu? Ne yaptım?

Geçmişte benzer durumlarla başa çıkabildim mi?

Unutmayın, alışkanlıklar bir gecede oluşmaz, dolayısıyla bir gecede kaybolmazlar. Daha olumlu düşünmenin hayatınızı nasıl etkileyebileceğini kendinize sık sık hatırlatın ve pratik yapın, pratik yapın, pratik yapın. Sonunda eski, olumsuz düşünme biçimleri, yaşam ve kendiniz hakkında daha olumlu düşünme biçimlerine dönüşecektir.

1 Hikâye

Günlerden bir gün, köylerden birinde bir çiftçinin eşeği kör kuyuya düşer. Eşek saatlerce acı içinde kıvranır ve bağırır. Sesini duyan sahibi gelip baktığında zavallı eşeği kuyunun dibinde görür.

Çaresiz çiftçi köylüleri yardıma çağırır. Köylüler kör kuyudaki eşeği kurtarmak için ne yapacaklarını düşünürler ama sonuçta onu kurtarmanın imkânsız olduğuna ve bunun için çalışmaya değmeyeceğine karar verirler.

Tek çare, kuyuyu toprakla örtmektir. Herkes ellerine aldığı küreklerle etraftan kuyunun içine toprak atar. Zavallı hayvan, üzerine gelen toprakları, her seferinde silkerek dibe döker. Bir süre sonra ise ayaklarının altına aldığı toprak sayesinde her an biraz daha yükselir ve sonunda yukarıya kadar çıkar. Köylüler kuyudan dışarı çıkan eşeğe çok şaşırır. Olay hiç de düşündükleri gibi gelişmemiştir.

İşte hayat da bazen bizim üzerimize yüklenir ve üzerimiz toz toprakla örtülüyormuş gibi olur. Bunlarla baş etmenin tek yolu, yakınıp sızlanmak değil, silkinip kurtulmak ve aydınlığa adım atmaktır. Kör kuyuda olsak bile.[2]

---

2. *Bilgelik Hikâyeleri*, İbrahim Sarı

Zihinsel Alışkanlıklarınızı Değiştirin!

Aşırı düşünmek kalıcı olmak zorunda değil. Bu kırılabilecek zihinsel bir alışkanlıktır. Beyninizi hayata farklı bir bakış açısıyla bakmak için eğitebilirsiniz. Aşırı düşünmenin üstesinden gelmek için uzmanlar, düşünceyi değiştirmenizi önerir.

Gün boyunca ve hatta gece boyunca devam eden susmak bilmez içsesinize yani kendi iç diyaloğunuza hâkim olabilirseniz, aşırı düşünme alışkanlığınızı evcilleştirebilirsiniz.

Durumla ilgili başka yorumlar üreterek aklınızdaki düşünceyle psikolojik mesafe geliştirebilirseniz, olumsuz düşünceleriniz size daha az inandırıcı gelir.

Buna bilişsel yeniden yapılandırma denir.

Kendinize sorun: Korktuğum şeyin gerçekten olma olasılığı nedir? Olasılık düşükse, daha olası sonuçlar nelerdir?

Sürekli kafa yorduğunuz bir sorunsa, sorunu aradığınız olumlu sonucu yansıtacak şekilde yeniden ifade edin: "Kariyerimde sıkışıp kaldım" yerine kendinize söyleyin ya da daha iyisi, "Kendimi daha verimli hissettiğim bir iş istiyorum" deyin.

Ardından becerilerinizi, çevrenizi genişletmek için bir plan yapın ve daha iyi bir kariyer için fırsatlar arayın.

Duyularınızla bağlantı kurarak ruminasyon alışkanlığınızı da kontrol edebilirsiniz. Ne duyabildiğinizi, görebildiğinizi, kokladığınızı, tadabildiğinizi ve hissedebildiğinizi fark etmeye başlayın. Buradaki fikir, etrafınızdaki her şeyle yeniden bağlantı kurmaktır. Çevrenizi fark etmeye başladığınızda, kafanızın içinde daha az zaman harcarsınız.

Kendinizi aşırı düşünme sarmalının içinde bulduğunuzda şunları söyleyin: Kendimi biraz endişeli ve rahatsız hissediyorum. Neden? Yine kafamın içinde miyim? Belki de mahallede bir yürüyüşe çıkmalı ve düşünülmesi gereken bir şey varsa sonra yapmalıyım.

Beyninizin aşırı hızlandığını veya ruminasyon içinde olduğunu fark edin ve hemen harekete geçin. Dikkatinizi dağıtın ve dikkatinizi odaklanmanız gereken başka bir şeye yönlendirin. Elbette bu alıştırma gerektirir, ancak zamanla gereksiz yere endişelendiğinizi kolayca fark edebilecek ve kafanızda çok fazla zaman harcamak yerine gerçek hayatta bir şeyler yapmayı seçebileceksiniz.

Örneğin, "Bunun olduğuna inanamıyorum" ifadesini "Bir daha olmasını önlemek için ne yapabilirim?" ifadesine dönüştürün veya "İyi bir arkadaşım yok!" cümlesini, "Sahip olduğum dostlukları derinleştirmek ve yenilerini bulmak için hangi adımları atabilirim?" ile değişin.

Farklı olarak sahip olabileceğiniz, yapmanız gereken şeyler hakkında düşüncelere dalmayın. Zihinsel stres yaşam kalitenizi ciddi şekilde etkileyebilir. Aşırı aktif bir zihin, hayatı perişan edebilir. Kafanızda zaman geçirmeyi nasıl durduracağınızı öğrenmek, kendinize verebileceğiniz en büyük hediyelerden biridir. Tüm alışkanlıklar gibi yıkıcı düşünce kalıplarınızı da değiştirmek zor olabilir, ancak imkânsız değildir. Pratik yaparak, beyninizi olayları farklı algılaması ve aşırı düşünme stresini azaltmak için eğitebilirsiniz.

"Endişe, sallanan
sandalye gibidir.
Sana yapacak
bir şey verir, ama
seni hiçbir yere
götürmez."

– Erma Bombeck

Zihnimizi Nasıl Yeniden Yapılandırabiliriz?

Şimdi, düşünce alışkanlıklarımızın ne olduğu, neye benzediği ve bazı faydalarının neler olduğu hakkında konuştuğumuza göre, bunu gerçekleştirmenin püf noktalarını anlatmanın zamanı geldi.

Düşünce alışkanlıklarımızı değiştirmenin bilimsel karşılığına "Bilişsel Yeniden Yapılandırma" denir. Bilişsel Yeniden Yapılandırma, endişe ve ruminasyon gibi olumsuz düşünme kalıplarını belirlemek ve geri almak için basit ama güçlü bir tekniktir.

Birçoğumuz için olumsuz düşünce kalıpları, duygusal acı ve ıstırabın kaynağıdır. Aslında hem depresyonun hem de kaygının temel itici gücüdür. Zihninizin alışılmış düşünme biçimini nasıl yeniden eğiteceğinizi ve kendinizi olumsuz içsesinizle konuşmanın yükünden nasıl kurtaracağınızı öğrenebilirsiniz.

Uygulamanın getirdiği en güçlü 10 fayda da dahil olmak üzere, Bilişsel Yeniden Yapılandırma'nın tam olarak ne olduğu ve nasıl göründüğü konusunda size rehberlik edeceğiz. Ardından, olumsuz düşünme kalıplarınızı tanımlamak, değiştirmek ve nihayetinde kendinizi özgürleştirmek için Bilişsel Yeniden Yapılandırma'yı kullanma sürecinde adım adım yürüyeceğiz.

1 Soru
1 Cevap

Bilişsel Yeniden Yapılandırma Nedir?

Kaygı ve depresyon gibi yaygın zihinsel sağlık sorunlarının tedavisine yönelik en iyi çalışılmış ve etkili yaklaşım olan Bilişsel Davranışçı Terapi'de temel bir tekniktir. Genellikle anksiyete ve depresyon gibi klinik bozuklukları tedavi etmek için kullanılsa da Bilişsel Yeniden Yapılandırma, aşırı olumsuz düşünme kalıpları ve kendi kendine konuşma ile mücadele eden herkes için aynı derecede faydalı olabilir.

Aşırı düşünme sarmalından ve olumsuz düşünce kalıplarından kurtulmaya çalışırken bizi yararlı birkaç şey yapmaya teşvik eden Bilişsel Yeniden Yapılandırma'nın nasıl çalıştığına bir göz atalım:

Zihinsel olarak organize olmamıza yardımcı olur.

Nasıl bir yapılacaklar listesi hazırlamak büyük bir proje üzerinde çalışırken kendimizi daha düzenli ve daha az bunalmış hissetmemize yardımcı oluyorsa, Bilişsel Yeniden Yapılandırma da zihinsel alanımızı daha iyi organize ederek daha iyi hissetmemize yardımcı olur.

Bizi yavaşlamaya zorlar.

Her olumsuz düşünce, kendisine karşılık gelen bir olumsuz duygu "dozuna" yol açar. Düşüncenizi yavaşlatarak daha az düşünceye sahip olabilir, böylelikle de daha az duygu hissedersiniz.

Daha bilinçli olmamıza yardımcı olur.

Düşünceler ve ürettikleri duygusal tepkiler otomatik olarak gerçekleşir. Bilişsel Yeniden Yapılandırma, zihinsel alışkanlıklarımızı fark etmemize yardımcı olur; bu, onları değiştirmede önemli bir adımdır.

Bize kontrol duygusu verir.

Varsayılan düşünce kalıplarımızı fark edip ardından yeni alternatif düşünceler üreterek olumsuz düşünceleri, başımıza gelen kontrol edilemez bir şey olarak görmek yerine, aslında üzerinde kontrole sahip olduğumuz olaylar olarak görürüz.

Daha net ve mantıklı düşünmemize yardımcı olur.

Bilişsel Yeniden Yapılandırma, bizi ilk düşünce çizgimizi sorgulamaya ve incelemeye teşvik ederek düşünme şeklimizdeki hataları görmemize yardımcı olur. Bilişsel çarpıtmaları belirlemek, olumsuz düşünce kalıplarımızı ve ruh halimizi daha iyi yönetmeniz için önemli bir bileşendir.

Tepki vermek yerine yansıtmamıza yardımcı olur.

Üzüldüğümüzde tepki vermemiz doğaldır. Düşünmeden tepki vererek zihnimizi daha iyi anlama ve nasıl çalıştığını öğrenme fırsatından kendimizi mahrum bırakırız.

Kötü zihinsel alışkanlıkları kırar.

Tırnaklarımızı yemek ya da dudağımızı ısırmak gibi fiziksel alışkanlıklar edindiğimiz gibi zihinsel alışkanlıklara da kolayca kapılabiliriz. Bu alışkanlıkları kırmanın anahtarı, onları ne zaman yapmaya başladığımızı fark etmek ve yerine farklı bir davranış koymaktır. Bilişsel Yeniden Yapılandırma tam da bunu yapar: Bizi kötü zihinsel alışkanlıkları fark etmeye ve onları daha iyileriyle değiştirmeye zorlar.

Daha önce de altını çizdiğimiz gibi, bilişsel yapılandırma kavramı bize alışkanlık gereği nasıl düşündüğümüzün, hislerimizi nasıl derinden etkilediğini söyler. Bunun anlamı, eğer düzenli olarak daha iyi hissetmek istiyorsak, istemsizce oluşan düşüncelerimizi değiştirmenin ve başımıza gelenleri yorumlamanın bir yolunu bulmamız gerektiğidir.

İşte, Bilişsel Yeniden Yapılandırma'nın bize öğrettiği tam da budur – hayat karşısında daha esnek ve gerçekçi olmak için varsayılan düşünme biçimlerimizi tanımlayın ve değiştirin. Bunu tutarlı bir şekilde yapmayı öğrenebilirsek, hayatımızın her yönünü kelimenin tam anlamıyla etkileyecektir, çünkü hayatımızda düşünmediğimiz ve yorumlamadığımız hiçbir parça yoktur.

İster eşimizle bir tartışma ister yaklaşan bir iş görüşmesi için endişelenelim veya yeni vefat etmiş bir aile üyesi için yas tutalım, her durumda otomatik ve katı düşünme biçimlerine saplanıp kalma eğilimindeyiz. Bilişsel Yeniden Yapılandırma, bize düşüncemizde daha esnek olmayı öğreterek, her şey hakkında nasıl düşündüğümüzü ve dolayısıyla nasıl hissettiğimizi değiştirir.

Şimdi, Bilişsel Yeniden Yapılandırma'nın ne olduğu, nasıl göründüğü ve bazı faydalarının neler olduğu hakkında konuştuğumuza göre, bunu gerçekten yapmanın püf noktalarını anlatmanın zamanı geldi.

Başlamadan önce kısa bir not: Koşu bandında koşmak veya piyanoda parmak alıştırması yapmak gibi, Bilişsel Yeniden Yapılandırma'nın gücü, bunu zaman içinde tutarlı bir şekilde yapmaktan gelir. Sadece Bilişsel Yapılandırma'nın ne olduğunu anlamak ve ara sıra uygulamak yeterli değildir. Bilişsel Yeniden Yapılandırm'nın yaşamınıza anlamlı bir etkide bulunabilmesi için tutarlı bir şekilde yapılması ve alışkanlık haline gelmesi gerekir. Bunun hakkında daha sonra konuşacağız, ancak beklentilerinizi gerçekçi bir şekilde önceden belirlemeniz önemlidir.

Uzmanlara göre Bilişsel Yeniden Yapılandırma için takip edilmesi gereken altı temel adım aşağıdaki gibidir:

Adım 1: Duraklat düğmesine basın.

Bilişsel Yeniden Yapılandırma birçok durumda faydalı olabilir. Ancak bunu kullanmak için en iyi zaman, özellikle tepkiniz olanlarla orantısız görünüyorsa ve bir şeye karşı güçlü olumsuz duygular hissettiğinizi fark ettiğiniz zamandır.

Ani bir olumsuz duygu dalgasına tepki verirken en tipik yolumuz içgüdüsel olarak hareket etmektir:

Kızgın hisset → saldır

Endişeli hisset → saklan

Üzgün hisset → çok yemek ye

Aslında hissettiğimiz bu duyguları alternatif "duraklatma düğmesine basmak" için bir işaret veya hatırlatıcı olarak kullanmamız gerekir. Ardından, yani kısa bir ara verdikten sonra kendimize soralım: *Burada neler oluyor?*

Olumsuz duygulara karşı içgüdüsel tepkimizi engelleyebildiğimiz ve ona anlamak için merakla yaklaştığımız zaman, durumu akıllıca yönetme şansımız artar.

Adım 2: Tetikleyiciyi tanımlayın.

Hissettiğimiz olumsuz duyguyu duraksamak için bir işaret olarak kullandıktan sonraki adım, hangi olayın ilk etapta tepkinizi tetiklediğini belirlemektir.

Tetikleyici bir olay genellikle dış çevremizde meydana gelen bir şeydir: Bir iş arkadaşı alaycı bir yorum yapar, eşimiz bize "kendi fikrini söyler", bir araba otoyolda önümüzü keser, vb.

Ancak iç ortamımızdaki, yani zihnimizdeki olaylar da tetikleyici olarak hareket edebilir: Toplantı sırasında önemli bir fikirden bahsetmeyi unuttuğumuz ya da yakın zamanda vefat eden bir arkadaşın anısı akla gelebilir.

Tetikleyici olayı tanımlamaya yardımcı olmak için **kim, ne, ne zaman, nerede** sorularını kullanın:

1. Üzüldüğümde yanımda kim vardı?

Doğamız gereği sosyal hayvanlar olduğumuz için, insanlar genellikle duygusal tepkilerimizde doğrudan veya dolaylı bir rol oynarlar.

2. Ne oldu?

Kelimenin tam anlamıyla, üzgün hissetmeme neden olan ne tür şeyler oldu? Hiçbir detayın veya gerçeğin etkili olamayacak kadar küçük olmadığını unutmayın. Tetikleyicinin büyük ve bariz bir şey olması gerekmez – aslında, genellikle oldukça küçük ve incelikli bir şeydir.

3. İlk ne zaman üzgün hissetmeye başladım?

Bundan hemen önce ne oldu? Bu soru, özellikle Bilişsel Yeniden Yapılandırma'yı olaydan saatler veya günler sonra yapıyorsanız önemlidir.

4. Her şey nerede meydana geldi?

Genellikle, üzgün olmanın ilk tetikleyicileri, fiziksel çevremizin bir parçası veya onunla bağlantılıdır.

Adım 3: Otomatik düşüncelerinizi fark edin.

Otomatik düşünceler, başımıza gelenlerle ilgili varsayılan, ilk yorumlarımızdır. Neredeyse her zaman spontanedirler (yani onları biz başlatmayız) ve genellikle kendi kendine konuşma veya bazen görüntüler ve anılar şeklini alırlar.

Örneğin, araba kullanırken biri önünüzü keserse, otomatik düşünceniz "Vay pislik!" olabilir. Veya gece geç saatlerde patronunuzdan bir e-posta görürseniz, otomatik düşünceniz size "Allah kahretsin! Kesin bir sorun var!" diyebilir. Hepimizin otomatik düşünceleri vardır. Çoğu zaman onları ya hiç fark etmiyoruz ya da sadece belli belirsiz farkındayız. Bilişsel Yeniden Yapılandırma söz konusu olduğunda, otomatik düşüncelerimizin daha fazla farkına varma ve onları gerçekten yakından inceleme alışkanlığı kazanmamız önemlidir.

Adım 4: Duygusal tepkinizi belirleyin ve ne kadar yoğun olduğunu not edin.

Duygular, gerçekleşen şeylere ilişkin zihinsel yorumlarımızdan üretilir. Ve deneyimlediğimiz duyguların türü ve yoğunluğu, neredeyse tamamen içinde bulunduğumuz düşünce türüne bağlıdır.

Örneğin, yukarıda verdiğimiz araba sürerken önünüzün kesilmesi ile ilgili örneği kullanırsak: Düşünceniz "Vay Pislik!" ise, muhtemelen kızgın hissedeceksiniz. Eğer düşünceniz "O... çocuğu! Kimsen lan sen ?!" şeklinde ise muhtemelen daha güçlü bir öfke biçimi hissetmeniz muhtemeldir. Öte yandan, otomatik düşünceniz, "Aman Tanrım, neredeyse bana çarpıyordu! Bu hızla bana çarpsaydı kesin ölürdüm!" gibiyse korku veya endişe duyguları hissetmeniz olasıdır.

Son olarak, duygusal tepkiniz birden fazla duygu içerebilir. Otomatik düşünceniz, "Vay pislik! Neredeyse bana vuruyordu?!" şeklindeyse, bir miktar öfke ve endişe karışımı bir duygu yaşarsınız. Bu durumda, her ikisini de not etmek iyidir, ancak daha güçlü veya baskın olanı fark etmeye çalışalım.

Tanımlanan her duygunun, 1-10 arasında bir ölçekte ne kadar yoğun olduğunu değerlendirin.

Adım 5: Alternatif düşünceler üretin.

Bir tetikleyici tanımladığınızda, o tetikleyiciyle ilgili otomatik düşüncelerinizi fark ettiğinizde ve duygusal tepkinizi not aldığınızda, bir sonraki adım, ilk otomatik düşüncelerinizin her biri için alternatif düşünceler bulmaktır.

Örneğin, "Aman Tanrım, neredeyse bana çarpıyordu! Bu hızla bana çarpsaydı kesin ölürdüm!" düşüncesini "Vay canına, gerçekten çok korkunçtu! Bana çarpmaya çok yaklaşmıştı ama ben oldukça iyi bir sürücüyüm ve iyi idare ettim" ile değişebiliriz. Veya, "Vay pislik! Neredeyse bana vuruyordu?!" demek yerine "Belki de bir derdi var ve bir yere yetişmeye çalışıyor" diyebiliriz.

Özetle önemli olan sadece açık görüşlü olmak ve ilk otomatik yorumunuzdan başka bir yorum bulmaktır. Bu uygulama, olumsuz düşünme kalıplarından ve ezici duygulardan kurtulma yeteneğinin önemli bir bileşeni olan zihinsel esnekliği geliştirir. Ayrıca, ne olduğuna dair daha fazla alternatif yorum veya açıklama üretmek ilk düşüncelerinizdeki bariz hataları fark etmemize ve daha gerçekçi alternatif düşünceler geliştirmemize yardımcı olabilir.

Mümkünse, her aşırı olumsuz otomatik düşünce için en az iki veya üç alternatif düşünce oluşturun.

Adım 6: Duygusal tepkinizin yoğunluğunu yeniden değerlendirin.

Birden fazla daha gerçekçi alternatif düşünce ürettikten sonra, 4. Adım'da tanımladığınız duygularınıza dönün ve onların yoğunluğunu yeniden değerlendirin. Neredeyse her zaman, otomatik düşüncelerinizi sorgulamanın ve daha gerçekçi alternatif düşünceler üretmenin bir sonucu olarak hissettiğiniz duygunun yoğunluğu azalmış olacaktır.

Bu son adım çok önemli, çünkü olumsuz duygularınızın yoğunluğundan kurtulduğunuzu fark etmek ve hissetmek, Bilişsel Yeniden Yapılandırma alışkanlığının önemli bir pekiştiricisidir. Başka bir deyişle, bunun sonucunda daha düşük yoğunlukta olumsuz duygular hissedip bunu ödül olarak alırsanız, bir alışkanlık olarak buna bağlı kalmanız ve uzun vadede fayda sağlamanız çok daha olasıdır.

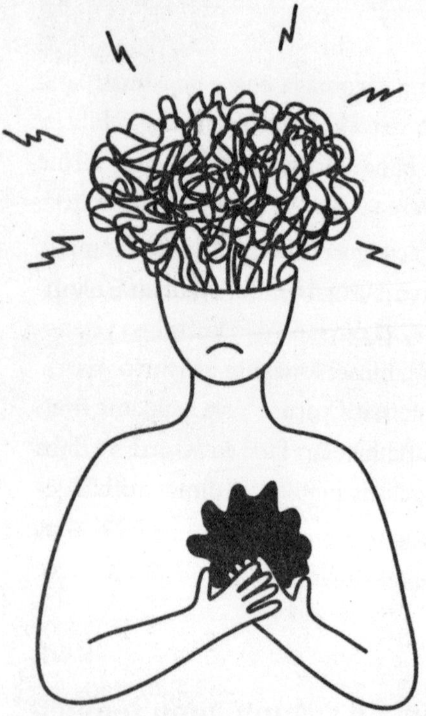

Bilişsel Yeniden Yapılandırma İçin Düşünce Kaydı Nasıl Kullanılır?

Yukarıda bahsedilen 6 adım, Bilişsel Yeniden Yapılandırma'nın öğelerine ve bunun genel olarak nasıl yapılacağına dair bir genel bakıştı. Ancak ilk başladığımızda, adımlarda bize yol gösterecek belirli bir şablona sahip olmak yardımcı olur. Düşünce Kaydı tam olarak bunun için oluşturulmuş.

Düşünce Kaydı, Bilişsel Yeniden Yapılandırma'nın belirli öğeleri ve adımlarında size yol göstermek için yalnızca bir kılavuzdur.

Genellikle aşağıdaki gibidir:

Düşünce Kaydı
ADIM 1: DURAKLAT Tam olarak ne oldu?
ADIM 2: TETİKLEYİCİ Kim, ne, ne zaman, nerede, neden?
ADIM 3: DÜŞÜNCELER Tetikten hemen sonra aklımdan hangi düşünceler geçiyordu?

ADIM 4: DUYGULAR Şu anda hangi duyguları hissediyorum? 1'den 10'a kadar bir ölçekte, ne kadar yoğunlar?
ADIM 5: ALTERNATİF DÜŞÜNCELER Olanları yorumlamanın bazı alternatif –ideal olarak, daha gerçekçi– yolları nelerdir?
ADIM 6: DUYGULARI YENİDEN DEĞERLENDİRİN Duygularım şimdi ne kadar yoğun?

Bu kaydı illa kalem kâğıtla tutmanıza gerek yok. Malum, devir teknoloji devri. Elbette dijital olarak da Düşünce Kaydı tutabilirsiniz. Fakat uzmanlar, Bilişsel Yeniden Yapılandırma ve Düşünce Kayıtları'na yeni başlıyorsanız, en azından başlangıç döneminde kâğıt ve kalem kullanılmasını öneriyor.

Araştırmalar, kalem ve kâğıtla not almanın, genel tekniği öğrenmeye çalışırken erken dönemde, beynimizin yeniden kodlanması ve hafızaya kazıma konularında daha fazla yardımcı olduğunu gösteriyor.

Bilişsel Yeniden Yapılandırma yapmak istediğiniz her an bir Düşünce Kaydı kullanabilirsiniz. Başlangıçta, süreci öğrenebilmeniz için, Bilişsel Yeniden Yapılandırma'nızı her zaman bir Düşünce Kaydı şeklinde yapmak genellikle en iyisidir. Süreç ilerledikçe, yeterince pratik yaptıktan sonra, altı adımın tamamını kafanızın içinde tamamlayabileceksiniz.

Bilişsel Yeniden Yapılandırmanın Önündeki Bazı Engeller

Bilişsel Yeniden Yapılandırma yapmayı alışkanlık haline getirmenin kolay olmadığını kabul etmek önemlidir. Kısmen, beklenmedik ama güçlü engellerin çoğu zaman ortaya çıkması ve en iyi niyetlerimizi rayından çıkarması oldukça sık karışılacağımız bir durumdur.

Uzmanlar, Bilişsel Yeniden Yapılandırma'ya yönelik en yaygın engellerin yanı sıra onları etkili bir şekilde yönetmeye yönelik bazı düşünceleri şu şekilde sıralıyor.

Pratik Yapmamak

Bilişsel Yeniden Yapılandırma'nın başarılı olması için pratik yapmalısınız. Bilişsel Yeniden Yapılandırma'nın amacı, olumsuz olayları zihnimizde alışılmış şekilde yorumlama biçimimizi temelden değiştirmektir. Bu zor ve anlamlı bir hedeftir. Tamamen yapılabilir olsa da pratik ve bol miktarda zaman alır. Bu yüzden beklentilerinizi buna göre ayarlayın.

Pratik Yapmayı Hatırlamamak

Bilişsel Yeniden Yapılandırma'nın başarılı olması için pratik yapmak gerektiğini anlasak bile, ilk etapta uygulamayı hatırlamayla ilgili bir sorun var. Niyetimize rağmen, yeni alışkanlıklar çoğu zaman, sırf bunları uygulamayı kendimize hatırlatmak için güvenilir bir yolumuz olmadığı için bir kenara atılır.

Bilişsel Yeniden Yapılandırma yapmayı hatırlamak zorlu bir iştir çünkü bu, boş bir anımız olduğunda öylece uygulayabileceğimiz bir şey değildir; üzülmemize ya da endişelenmemize neden olan bir olayın hemen ardından uygulanması en iyisidir.

Bu problemi tersine çevirmek için, üzüldükten sonra yaptığımız şeyleri belirleyerek başlayabilir ve bu şeyleri alıştırma yapmak için bir hatırlatma olarak kullanıp kullanamayacağımıza bakabiliriz.

Örneğin, eşinizle üzücü bir şey olduğunda yakın arkadaşınıza mesaj gönderme eğilimindeyseniz, arkadaşınızdan Bilişsel Yeniden Yapılandırma yapmanızı hatırlatması için size mesaj atmasını isteyebilirsiniz.

Ya da diyelim ki düşüncelerle bunaldığınızda buzdolabına gidip atıştırma eğilimindeyseniz buzdolabının üstüne, "Bilişsel Yeniden Yapılandırma" yazan bir not yapıştırmanız yardımcı olabilir.

Kafanın İçinde Pratik Yapmak

Zaten aşırı düşünme girdabıyla mücadele ediyorsunuz, şu an en son ihtiyacınız olan şey kafanızın içinde bir şeyler yapmak. Daha önce de altını çizdiğimiz üzere ilk başlarken kafanızda Bilişsel Yeniden Yapılandırma yapmaya çalışmamanız çok önemlidir. Bir şeyler yazarak Düşünce Kaydı tutmak, onu ihtiyaç duyduğunuz temel bilgi ve becerileri oluşturmanıza yardımcı olur.

Bilişsel Yeniden Yapılandırma'nızı kâğıt üzerinde (veya dijital olarak) yapmanın ikinci bir büyük yararı vardır: Sizi yavaşlamaya zorlar. Düşündüğümüz kadar hızlı yazamayız. Bu nedenle, düşüncelerimizi yazma hızına indirdiğimizde, genellikle duygularımızın genel yoğunluğunu azaltır. Unutmayın: Ne kadar olumsuz düşünceniz varsa, o kadar olumsuz duygu yaşayacaksınız.

Üzerinde Çok Fazla Zaman Harcamak

Bilişsel Yeniden Yapılandırma uygulamasına çok az zaman harcamak faydasını sınırlarken, üzerinde çok fazla zaman harcamak da bir sorun olabilir.

Pek çok insan Bilişsel Yeniden Yapılandırma için çok uzun zaman harcar, küçük ayrıntılar için heyecanlanır, aşırı titiz davranır. Sorun şu ki böyle bir yaklaşım sürdürülebilir değil ve bu yolu izleyenler hızla tükenir.

Uzmanlar, Bilişsel Yeniden Yapılandırma'nın 5 veya 10 dakikadan fazla sürmemesi gerektiğini söylüyor. En başta, durumun karmaşıklığına ve alıştırmaya ne kadar aşina olduğunuza bağlı olarak biraz daha uzun sürebilir, ancak genel olarak bu, zaman alıcı bir iş olmamalıdır. Kısa ve öz olmalıdır.

"Bu Sadece Olumlu Düşünce" Algısı

Bilişsel Yeniden Yapılandırma hakkındaki en büyük yanılgılardan biri, bunun "sadece olumlu düşünme" olduğudur. Aslında, olan bu değil.

Bilişsel Yeniden Yapılandırma'nın kapsayıcı hedefi, daha olumlu düşünmek değildir; daha gerçekçi düşünmektir. Tabii ki alışılmış olarak gerçekçi olmayan olumsuz bir şekilde düşünüyorsanız, o zaman evet, Bilişsel Yeniden Yapılandırma yapmak daha olumlu düşünmeye yol açacaktır. Ama bu sadece daha gerçekçi düşünmenin bir yan etkisi.

Bilişsel Yeniden Yapılandırma genellikle yardımcı olsa da aşırı düşünme ve kendi kendine konuşma ile başa çıkmanın tek yolu bu değildir. Mesele şu ki Bilişsel Yeniden Yapılandırma bir yaklaşımdır ve güçlü bir yaklaşımdır, ancak kişiye bağlı olarak eşit veya daha etkili olabilecek başka yaklaşımların da olduğunu kabul etmeliyiz.

"Aklınız tüm evrene
yelken açabilecek
bir gemidir.
Yeter ki olumsuz
düşüncelerin onu
batırmasına izin
vermeyin."

– Matshona Dhliwayo

Erteledikçe Düşünür, Düşündükçe Erteleriz

Hepimiz bir şeyleri erteleriz, ancak işleri sonraya ertelemek kendimize yapabileceğimiz en kötü şeylerden biridir. Ertelediğiniz şey sürekli aklınızı kurcalar, size rahat vermez. Pazar gününe bırakılan ödevleri hatırlayın. Ne oynadığımız oyundan ne de izlediğimiz televizyondan zevk alırdık, çünkü aklımızın bir köşesinde sürekli bizi dürten ertelediğimiz sorumluluklarımız vardı.

Sürekli dikkat dağıtan bu çağda, artık her zamankinden daha fazla erteliyoruz. Telefon çalıyor ve bakıyoruz. E-posta çalıyor ve üzerine tıklıyoruz. Bilgisayarlarımızda, bizi elimizdeki görevden uzaklaştıran birden fazla sekme açık.

Dikkatimizi dağıtan her şey bir hırsızdır ve gerekeni yapma kararlılığımızı çalar. Bahanelerimiz hazır: "Biraz daha sosyal medyada takılıp kesin başlıyorum." "Bugün yapmayayım ama yarın sabah kesin yaparım." "Şimdi çalışsam kafam almaz, sabah erken kalkıp çalışırım."

Dikkatin dağılması, ertelemeyi besler, ancak erteleme de aslında başarısızlık korkusu veya başarı korkusunun bir sonucudur. Gerçi çoğu korkularımızın yersiz olduğunu bilmemize rağmen bizi elimizdeki görevden uzaklaştırmalarına izin veririz.

Zor görevlerden korktuğumuz için de erteleriz. Başlamak için beynimizi zorlamak veya gerekli enerjiyi harcamak istemeyiz. Muhtemelen sizin de deneyimlediğiniz gibi, bir şeye başlamak işin en zor kısmıdır.

Ertelemek yalnızca değerli zamanımızı ve kazanabileceğimiz ivmeyi çalmakla kalmaz. Aynı zamanda enerjimizi ve motivasyonumuzu da çalar. Önemli bir şeyi ne kadar ertelersek, kendimiz hakkında da o kadar kötü hissederiz. Ne kadar kötü hissedersek, işimize devam etmek için de o kadar az motivasyonumuz olur. Ne kadar az motivasyonumuz olursa, o kadar çok erteleriz. Bu, sizi kendi kendini suçlama ve endişe duygularının içine hapseden bir kısırdöngüdür.

Ertelemenin üstesinden gelmenin ilk adımı, zihinsel durumunuz üzerindeki sakatlayıcı olumsuz etkisinin farkında olmaktır. Şunu bir düşünün: Muhtemelen günde en az bir saatinizi erteleyerek geçiriyorsunuz. Bu, haftada yedi saat, neredeyse tam bir işgünü. Yani ertelemeyle yılda 52 tam işgünü kaybedersiniz. Fazladan 52 işgünü ile neler yapabilirsiniz?

Araştırmacılar, bir program geliştirmenin, görevleri dikkatli bir şekilde planlamanın ve zaman yönetimi becerilerini geliştirmenin, erteleme ile başa çıkmanın etkili yolları olduğunu öne sürüyorlar.

Korkunuzla Başa Çıkın

Korku, ertelemeye katkıda bulunan bir faktördür. Bu, başarısızlık korkusu, hata yapma korkusu ve hatta başarı korkusu içerebilir.

Başarıdan korkuyorsanız, bunu hak etmediğinize içten içe inanıyorsanız, kendinizi sabote etmenin sizi hedeflerinize ulaşmaktan alıkoyabileceğini anlamak önemlidir. Sizi başlamaktan alıkoyan korkuyu ele alarak, erteleme alışkanlığınızın üstesinden gelmeye başlayabilirsiniz.

Bir Liste Yapın

Başarmak istediğiniz şeylerle bir yapılacaklar listesi oluşturarak başlayın. Gerekirse, yerine getirmeniz gereken bir son tarih varsa her maddenin yanına bir tarih koyun. Her bir görevin tamamlanmasının ne kadar süreceğini tahmin edin ve ardından her projenin ne kadar süreceğini hafife almanın bilişsel tuzağına düşmemek için bu sayıyı ikiye katlayın.

Projeleri Daha Yönetilebilir Bölümlere Ayırın

Büyük bir projeyle karşı karşıya kaldığınızda, yapılan işin miktarına baktığınızda yılmış, korkmuş ve hatta umutsuz hissedebilirsiniz. Bu noktada, listenizdeki öğeleri tek tek ele alın ve bunları bir dizi adıma ayırın.

Ders için bir ödev yazmanız gerekiyorsa, hangi adımları izlemeniz gerekiyor? Büyük bir aile etkinliği planlıyorsanız, yapmanız gerekenler nelerdir ve hangi malzemeleri almanız gerekiyor?

Ertelemenin Başlangıcını Tanıyın

Listenizdeki öğeleri ele almaya başladığınızda, erteleme düşüncelerinin ne zaman zihninize girmeye başladığına dikkat edin. Kendinizi "Bunu şimdi yapmak istemiyorum" veya "Bunun üzerinde daha sonra çalışmak için zamanım olacak" diye düşünürken bulursanız, ertelemek üzere olduğunuzu kabul etmeniz gerekir.

Ertelemek için cazip hissettiğinizde, dürtüye teslim olmayın. Bunun yerine, kendinizi görev üzerinde çalışmak için en az birkaç dakika harcamaya zorlayın. Çoğu durumda, başladıktan sonra tamamlamanın daha kolay olduğunu görebilirsiniz.

Dikkat Dağınıklıklarını Ortadan Kaldırın

Dikkatinizi sürekli televizyona çevirdiğinizde veya arkadaşlarınızın Facebook durum güncellemelerini kontrol etmeye devam ettiğinizde bir işi yapmak zordur.

Kendinize müzik, televizyon ve sosyal ağ siteleri gibi tüm dikkat dağıtıcı şeyleri kapatacağınız bir zaman aralığı belirleyin ve bu süreyi tüm dikkatinizi elinizdeki göreve odaklamak için kullanın.

Kendinizi Ödüllendirin

Bir görevi (veya daha büyük bir görevin küçük bir bölümünü) tamamladığınızda, çabalarınız için kendinizi ödüllendirmeniz önemlidir.

İster bir spor etkinliğine katılmak ister video oyunu oynamak, en sevdiğiniz TV programını izlemek veya bir sosyal paylaşım sitesindeki resimlere bakmak olsun, eğlenceli ve zevkli bulduğunuz bir şeyle kendinizi şımartma fırsatı verin.

Farkındalık Nedir, Ne Değildir?

Herkes farkındalık hakkında bilgi sahibi gibi görünse de hiçbiri şu basit soruya cevap veremiyor: Peki ama aslında farkındalık nedir?

Yine de bu farkındalık meselesinin bir şekilde değerli bir "başa çıkma becerisi" olabileceği ya da üzerinde çalıştıkları belirli bir kişisel gelişim projesinde nihayet köşeyi dönmelerine yardımcı olacak bir şey olabileceği fikri onları cezp eder.

Farkındalık, problem çözme ve düşünme gibi yüksek bir zihinsel seviyeden, gözlem yapmak ve sadece şimdiki anın farkında olmak gibi daha düşük bir zihinsel seviyeye "vites küçültmemize" izin veren bir kastır.

Farkındalık Zihinsel Bir Alışkanlıktır

Farkındalık hakkında bilinmesi gereken ilk şey, zihinsel olduğudur; bu, fiziksel olarak veya çevrenizle değil, kafanızın içindekilerle ilgili olduğu anlamına gelir.

- Arabanızla işten eve dönerken de Tibet'te huzurlu bir dağın tepesinde bağdaş kurarak oturmuşsunuz gibi hissedebilirsiniz.

- Etrafınız gürültülü ve kaotik olduğunda da dikkatinizi toplayabilirsiniz.
- Bir yoga stüdyosunda derin nefes alırken veya koşu bandında nefesiniz kesildiğinde de farkındalıkta kalabilirsiniz.

Farkındalık aynı zamanda en iyi alışkanlık olarak düşünülür. Önceleri kasıtlı olarak uygularken ancak yeterli pratikle en azından belirli durumlarda, nispeten otomatik hale gelebilir.

Araba kullanmayı düşünün:

Bunu nasıl yapacağınızı ilk öğrendiğinizde, çok fazla odaklanma ve bilinçli uygulama gerektirdi. Ve bazen araba kullanırken çok dikkatli olmanız gerekse de araba kullanmak bir alışkanlık haline geldiğinden, markete gidip gelirken fazla çaba harcamadan aynı anda bir sohbete devam edebilirsiniz.

Özetle farkındalık, düşünmeden dikkat etmektir.

Akşam televizyon seyrederken elektriklerin gittiğini hayal edin. Apartmanın alt katında bulunan sigorta kutunuza bakmanız gerekebileceğinden şüpheleniyorsunuz, bu yüzden bir el feneri alıp dışarı çıkıyorsunuz.

Elektriği başarılı bir şekilde geri getirmek için, nispeten farklı iki şey yapmanız gerekir:

1. Görmek için el fenerinizi sigorta kutusunun üzerine tutmalısınız.
2. Sigorta kutusunu gerçekten açmanız, hangi şalterin attığını belirlemeniz ve ardından onu kaldırmanız gerekir.

Daha genel olarak söylemek gerekirse yapmadan önce görmeniz gerekir. Görmek ve yapmak arasındaki bu ayrım, dikkat etmek ve düşünmek arasındaki farka benzer.

Dikkat, odaklanmayı veya zihnimizle görmeyi seçtiğimiz şeydir. Pek çok bilişsel bilim insanının dikkat için kullandığı metafor bir spot ışığıdır. Aklımızın potansiyel olarak kabul edebileceği küçük deneyim dilimini seçen ve sürdüren şeydir.

Öte yandan düşünmek zihinsel bir iştir. Sigorta kutusunu açıyor, etiketleri okuyor ve doğru şalteri çeviriyoruz. Bu süreç; *analiz etme, karşılaştırma, değerlendirme, hayal etme, yargılama, tahmin etme, problem çözme* gibi şeyleri içerir. Tüm bu farklı düşünme türleri, zihnimizle bir şeyler yapmamıza ve üretmemize izin veren bir tür zihinsel çalışmadır.

Bilincimizi ele geçiren bir düşünce olmaksızın sadece dikkatimizi vermek şaşırtıcı derecede zordur. Günlerimizin çoğunu şu ya da bu şekilde düşünerek geçirdiğimiz için, sadece dikkat etmeye karar verdiğimizde aklımız biraz çıldırır. Bize her türlü parlak, heyecan verici veya belki de korkutucu düşüncelerle bağırmaya başlar. Bu olduğunda tekrar düşünme moduna geçmemek gerçekten zor.

Farkındalık Uygulaması Başlatmanın Faydaları

Düzenli egzersiz yapmanın sayısız sağlık yararı olduğu gibi, tutarlı bir farkındalık uygulaması oluşturmanın da bir dizi faydası vardır.

Fiziksel egzersiz, vücudumuzun iyi durumda kalmasına yardımcı olur, bu da vücudumuzun

A) Daha etkili (daha güçlü, daha hızlı, daha dayanıklı vb.)

B) Daha iyi hissettirdiği (daha az ağrı ve ağrı, daha rahat ve rahat vb.) anlamına gelir.

Benzer şekilde, farkındalık zihnimizin iyi durumda kalmasına yardımcı olur. Farkındalık uygulayarak ve dikkatimizi eğiterek, zihnimizi daha iyi kullanabiliriz, ama aynı zamanda zihinsel ve duygusal olarak daha iyi hissetmemize neden olur.

Farkındalık uygulamalarının en önemli ve yaygın faydalarından bazıları şunlardır:

Azaltılmış stres ve kaygı:

Dikkatimizi yararsız düşüncelerden uzaklaştırma yeteneği, stres veya kaygıyı azaltmaya yönelik herhangi bir yaklaşımın merkezinde yer alır. Düşünmeyi seçtiğimiz şey, nasıl hissettiğimizi belirler. Yani daha iyi hissetmek istiyorsak, düşüncemizi nasıl değiştireceğimizi öğrenmeliyiz. Farkındalık bunu yapmanın en etkili yoludur.

Artan odak ve konsantrasyon:

Tam bilişsel potansiyelimizde çalışabilme yeteneği, dikkatimizin dağılmasına karşı koyabilmemiz ve eldeki göreve odaklanmamız gerektiği anlamına gelir. Dikkatimiz doğası gereği uçup gidiyor, sürekli bir parlak nesneden diğerine geçiyor. Ama onu hareketsiz ve odaklanmış olması için eğitebiliriz. Doğru bir farkındalık uygulaması, tam da bunu yapmanın güçlü bir yoludur.

Daha iyi iletişim ve ilişkiler:

Herhangi bir ilişki danışmanına ilişkilerdeki en yaygın sorunun ne olduğunu sorun, istisnasız iletişim diyeceklerdir. Kendimizi güvenle ve net bir şekilde ifade etmekte zorlandığımızda, insanlarla, özellikle de eşlerimizle ve birlikte çok zaman geçirdiğimiz ve büyük ortak kararlar aldığımız diğer önemli kişilerle "eşleşmez" olma eğilimindeyiz. Benzer şekilde, kendi anlık istek ve arzularımızın esiri olmadan, dikkati dağıtmadan gerçekten dinleme yeteneği şaşırtıcı derecede zor bir görev olabilir. Farkındalık her ikisine de büyük ölçüde yardımcı olur ve bu nedenle ilişkilerimizin kalitesini iyileştirmenin harika bir yoludur.

Hedefleri takipte artış:

Kilo vermekten emeklilik için para biriktirmeye kadar, hepimizin hedeflerimize ulaşmakta zorluk çekmesinin en büyük nedenlerinden biri akılsızlıktır. Hedeflerimizin yararlarını ve gerekçelerini her gün zihnimizde ön planda ve merkezde tutmak zordur. Benzer şekilde, birbiriyle çelişen faydalar veya hedeflerle dikkatimizin dağılması kolaydır. Çilekli dondurmanın tadı, o 20 kiloyu vermeyi başarırsak nasıl görüneceğimize dair imajı gölgede bırakma eğilimindedir. Ancak dikkatimizi farkındalık yoluyla daha iyi düzenlemeyi öğrenerek, ayartmalara ve dikkat dağıtıcı dürtülere direnme yeteneğimizi geliştirebiliriz.

Daha iyi bir uyku:

Düşünmek zihinsel çalışmanın bir biçimidir. Ve zihnimiz çalışma modundayken, uykuya dalmanın tek yolu olan dinlenme moduna geçemez. Aklınızdan geçen düşünce akışını durduramadığınız için gece uykuya dalmakta zorlanıyorsanız, farkındalık egzersizleri size yardımcı olacaktır. Günün sonunda düşünme modundan çıkıp sadece farkında olduğumuzda, bedenimizin gevşemesine ve basitçe uykuya dalmasına izin veririz.

1 Hikâye

Konfüçyüs, bazı insanlara bir şey öğretmenin en iyi yolunun bunu örneklerle göstermek olduğunu biliyordu. Bu yüzden sınıfın tam karşısına geçti. Eline bir vazo aldı, tüm öğrencilerin görebileceği şekilde vazoyu havada tuttu. Diğer elinde bir elma vardı. Öğrencilerin meraklı bakışları arasında, elmayı vazonun içinde bıraktıktan sonra, vazoyu yere koydu ve şöyle dedi: "Elmayı vazodan çıkarmayı başaran öğrenci, elmayı yiyebilir."

Çocuklardan biri acıkmıştı, ilk o davrandı ve elini vazonun dar ağzından içeri soktu. Elmayı yakaladı, çıkarmaya çalışıyor, ama başaramıyordu.

"Elimi çıkaramıyorum!"

Konfüçyüs, "Elmayı sıkı sıkı tutmaktan vazgeçmediğin sürece, elini çıkarman mümkün olmayacaktır" dedi.

Çocuk elmayı elinden bırakmak istemiyordu; ama sonunda zorunlu olarak bıraktı. Elini vazodan çıkardığında, yüzünde şaşkınlık okunuyordu. "Elmanın vazodan nasıl çıkarılabileceği konusunda sizin bir fikriniz var mı?" dedi.

Konfüçyüs, vazoyu yerden alıp ters çevirdi. Elma vazonun içinden yuvarlanıp avucunun içine düştü. Çocukların hepsi gülmeye başladı. Aslında o kadar basit bir şeydi ki bu!

Konfüçyüs, "Fakat bu, göründüğü kadar basit değil" dedi. Elmayı havada tutuyordu konuşurken. "Bazen bir şeyi gerektiğinde bırakabilmek, zor bir iştir. Onu bırakabilmek de bir beceridir. Eğer bir şeyi zorla tuttuğunuzda, ulaşmak istediğiniz şeyi engellediğini görüyorsanız, o zaman onu özgür bırakmalısınız. Eğer yanlış bir şey yapıyorsanız, o zaman buna son vermelisiniz. Eğer kendinize ve başkalarına karşı dürüst davranmıyorsanız, bu hilekârlığı hemen durdurmalısınız. İşte, ancak o zaman hedefinize ulaşabilirsiniz."[3]

---

3. *Bilgelik Hikâyeleri*, Cevdet Kılıç

Farkındalık Neden İşe Yaramaz?

Farkındalıkla ilgili çok heyecanlanmadan önce, farkındalığın faydalarının ancak bir farkındalık alışkanlığı oluşturduğumuzda ortaya çıktığını unutmayın. Tıpkı 20 dakika boyunca koşu bandında koşmanın bizi anında daha hızlı bir koşucu yapmayacağı veya hemen 15 kilo vermemize neden olmayacağı gibi, bir veya iki kez 20 dakika farkındalık pratiği anında sakin, rahat ve daha odaklanmış hissetmemize yol açmaz.

Uzmanların uzun vadeli bir farkındalık pratiğini başarıyla başlatan ve sürdüren insanlarda gözlemlediği iki şey var:

1. Haftada en az 5 gün antrenman yapıyorlar.
2. Günde en az 20 dakika pratik yapıyorlar.

Farkındalık sihir değildir. Hayatımızdaki her stres, endişe ve zorluk için bir çözüm değildir. Ve minimum çaba veya yatırımla kesinlikle hızlı bir şekilde çalışmaz.

Bu yüzden insanların "Ah evet, birkaç hafta boyunca şu farkındalık egzersizlerinden bazılarını yaptım ama gerçekten bir fark yaratmadı..." gibi şeyler söylemesi biraz şaşırtıcı.

Bu, "Birkaç haftalığına spor salonuna gittim ama gerçekten hiç kilo vermedim..." demek gibi bir şey.

Veya: "Birkaç hafta boyunca bazı kelime bilgi kartları çalıştım ama hâlâ Fransızca konuşamıyorum..."

Tabii ki böyle olmaz! Kilo vermek, iki hafta aralıklı olarak spor salonuna gittikten sonra olmaz, tıpkı bir avuç bilgi kartı ezberledikten sonra yeni bir dil konuşmayı öğrenemeyeceğimiz gibi. Bunlar, sonucun değerine göre sağlam bir taahhüt, zaman ve enerji yatırımı gerektiren büyük çabalardır.

Farkındalık da aynı.

Faydaların kalıcı olması için tıpkı egzersiz gibi farkındalık alışkanlığının da sürdürülmesi gerekir. Birkaç hafta boyunca farkındalık üzerinde "yoğunlaşmayı", tüm faydaları elde etmeyi ve sonra geri çekilip rahatlamayı bekleyemeyiz. Bu şekilde olmaz. Farkındalık bir kastır ve kullanılmadığı takdirde körelecektir.

O halde, bir farkındalık pratiğine başlamayı düşünen herkesin cevaplaması gereken oldukça keskin bir soru var: Düzenli olarak haftada 2 saatimi farkındalık pratiğine ayırmaya istekli miyim?

Çoğu insan için, farkındalık uygulamasından tutarlı ve anlamlı bir fayda elde etmek için gereken budur.

Farkındalık Konusunda Gerçekçi Olun

Farkındalığa başlamadan önce, bundan tam olarak ne elde etmeyi umduğunuz konusunda net ve spesifik olmaya çalışın. Bir fark yaratıp yaratmadığını nasıl anlardınız? "Daha az stresli olmak" iyi bir cevap değil. "Çocuğumla oynayabilir ve telefonuma gelen yeni e-postaları veya bildirimleri kontrol etmeden birkaç dakikadan fazla orada olabilirim" gibi belirgin bir şey daha iyidir.

- 30 gün boyunca günde bir kez yapmayı taahhüt edin. 30 günden daha kısa bir zaman diliminde farkındalıktan kalıcı, anlamlı bir fayda sağlanamaz. Benzer şekilde, rutininizin düzenli bir parçası haline gelmesi gerekir, bu nedenle her gün veya neredeyse her gün önemlidir. Örneğimizi hatırlayalım; haftada birkaç gün sağlıklı beslenip, diğer günlerde abur cubura dönerseniz kilo veremezsiniz.
- Günde 5 dakika yetmez. Sadece birkaç dakikalık farkındalıktan sonra biraz daha sakin hissedebilseniz de farkındalığın gerçek meyveleri daha uzun sürelerde oluşma eğilimindedir. 5 Dakika, ilk bir veya iki gün için başlamak için iyi bir yerdir, ancak genellikle en iyisi hızlı bir şekilde 10-20 dakikaya kadar çıkmaktır.
- Rahatsızlık verebilir. Farkındalık, zihinsel ve duygusal bir egzersiz şeklidir. Ve fiziksel egzersiz gibi zor değilse, muhtemelen doğru yapmıyorsunuzdur. Farkındalık rahatsız edici ve zor olmalıdır. Rahatsızlık duymadan büyüme elde edemeyiz. Farkındalık uygularken rahatsız olmayı bekleyin, ancak bu rahatsızlığı bir başarısızlık değil, bir büyüme işareti olarak algılayın.

Farkındalık Meditasyonu söz konusu olduğunda, süslü bir sınıfa gitmenize veya oturmak için bir mat ve yakmak için tuhaf bir tütsü almanıza gerek yoktur. Sadece düşünmeden dikkat odaklama alıştırması yapmanız yeterlidir.

Özetle, farkındalık şu becerilerimizi güçlendirir:

- Dikkatimizi başka yöne kaydırmak (yani bizi ruminasyondan uzaklaştırmak)
- Davranışlarımızın ve düşüncelerimizin farkına varmamızı sağlamak
- Yargılayıcı olmayan bir şekilde üzücü düşüncelerimizle uğraşmak

Farkındalık Çalışmalarının Aşırı Düşünme Üzerine Etkisi

En son ne zaman 15 dakika boyunca dikkatiniz dağılmadan gerçekten sessizce oturdunuz?

Her evde en az bir TV var ve aralarından seçim yapabileceğiniz kanal çeşitliliği sonsuz, şimdi işin içine bir de dijital platformlar girdi. Akıllı telefonlar ve tabletler aracılığıyla her zaman internetteyiz, sokaklar gitgide kalabalıklaşıyor ve işyerimiz asla sessiz kalmıyor. En sevdiğimiz müziklere birkaç tıklamayla kolayca ulaşabilir, sosyal medya bizi arkadaşlarımızla, ailemizle, iş arkadaşlarımızla ve hatta ünlülerle bağlantıda tutabilir. Özetle yaşamak hiç olmadığı kadar gürültülü bir hal aldı.

Sessizlik, düşüncelerimizin, duygularımızın ve içinde bulunduğumuz yaşam akışının farkına vardığımız zamandır. Bu anda mevcut olduğumuz zamandır. Bu birçok insan için korkutucu olabilir.

Hayatınıza daha fazla sessizlik katmak, kişisel gelişiminiz üzerinde inanılmaz bir etkiye sahip olabilir. Ortalama bir insanın günde 70.000 düşüncesi olduğunu biliyor muydunuz?

Peki, bu düşüncelerin yüksek bir yüzdesi olumsuz olsaydı, size ne zarar verebilirdi?

Meşgul bir zihin tipik olarak öfke, üzüntü ve güvensizliğe yol açar. Aklımızdan geçen binlerce düşünceyle karar vermek, karşılıklı konuşmalar yapmak ve duygularımızla başa çıkmak zor.

Peki farkındalık tüm bunlarla nasıl savaşır? Cevap karmaşık, ancak farkındalık çalışmalarının ruminasyonu azaltma yollarından bazıları şu şekildedir:

1. Farkındalık, dikkatimizi mevcut deneyime yönlendirir. Bu değişim, aşırı düşünme davranışını durdurmamıza yardımcı olur.

2. Farkındalık, kabul, şefkat ve açıklık gibi davranışlara odaklanır. Bu nitelikler, ruminasyonun teşvik ettiği olumsuz öz değerlendirmelerle mücadeleye yardımcı olur.

3. Ruminasyon, olumsuz duygulara ve psikolojik durumlara karşı aşırı tepkiyi teşvik eder. Aksine farkındalık, düşüncelerimiz ve psikolojik durumlarımız hakkında farkındalık geliştirirken bu durumlara karşı koruyucu bir rol de üstlenir.

Buradan yola çıkarak, aşırı düşünmeyi engellemek için bir tavsiye listesi oluşturduk. Bu teknikler, resmi ve gayriresmi tekniklerin bir kombinasyonudur. Bu egzersizleri haftada en az altı gün yapmaya çalışın. Egzersizler şunları içerir:

- Nefes farkındalığı – Nefesinizin ve nefes alıp verme hissinin farkında olun.
- Vücut taraması – Vücudunuzu tarayın ve vücudunuzun nasıl hissettiğinin farkında olun.

- Duygularınızı ve düşüncelerinizi yansıtırken düzenli bir nefes egzersizi yapın ve nefesinize odaklanın. Bu uzun bir süre olmak zorunda değildir; üç ila beş dakika yeterli olacaktır.
- Rutin aktivitelerinize dikkat edin. Yapmakta olduğunuz görevlerin ve bunları neden gerçekleştirdiğinizin farkında olun (örneğin, dikkatli yemek yeme).
- Yürürken nefesinize konsantre olduğunuz farkındalıklı yürüyüşler yapın.
- Kendinizi stresli, endişeli hissediyorsanız veya ruminasyon davranışlarında bulunuyorsanız, nefes alıştırması yapmak için biraz zaman ayırın. Üç ila beş dakika sessiz bir yerde oturun, zihninizi boşaltmaya çalışın ve yalnızca nefesinize odaklanın.

Listeyi verip kenara çekilmesi kolay dediğinizi duyar gibiyiz. Merak etmeyin, ilerleyen bölümlerde bu egzersizleri nasıl uygulayabileceğinize dair pratik bilgileri de bulacaksınız.

Nefes Farkındalığı

Kendinizi rahat hissettiğinizde nasıl nefes aldığınızı hiç fark ettiniz mi? Bir dahaki sefere rahatladığınızda, vücudunuzun nasıl hissettiğini fark etmek için bir dakikanızı ayırın. Ya da sabah uyandığınızda veya uykuya dalmadan hemen önce nasıl nefes aldığınızı düşünün. Nefes egzersizleri rahatlamanıza yardımcı olabilir.

Derin nefes almak, vücuttaki stresi azaltmanın en iyi yollarından biridir. Bunun nedeni, derin nefes aldığınızda bunun, beyninize sakinleşmek ve rahatlamak için bir mesaj oluşturmasıdır. Beyin daha sonra bu mesajı vücudunuza gönderir. Artan kalp atış hızı, hızlı nefes alma ve yüksek tansiyon gibi stresli olduğunuzda olan şeyler, rahatlamak için derin nefes aldığınızda azalır.

- Nefes alma şekliniz tüm vücudunuzu etkiler. Nefes egzersizleri rahatlamak, gerilimi azaltmak ve stresi azaltmak için iyi bir yoldur.
- Nefes egzersizlerini öğrenmesi kolaydır. Bunları istediğiniz zaman yapabilirsiniz ve bunları yapmak için herhangi bir özel alet veya ekipmana ihtiyacınız yoktur.
- Hangisinin sizin için en iyi olduğunu görmek için farklı egzersizler yapabilirsiniz.

Rahatlamak için yapabileceğiniz birçok nefes egzersizi var. Aşağıdaki ilk egzersiz olan göbekten nefes alma, öğrenmesi basit ve yapması kolaydır. Daha önce hiç nefes egzersizi yapmadıysanız, oradan başlamak en iyisidir. Diğer egzersizler daha ileri düzeydedir. Tüm bu egzersizler rahatlamanıza ve stresi azaltmanıza yardımcı olabilir.

Karın Nefesi

Diyaframdan solunumu yapmak kolaydır ve çok rahatlatıcıdır. Rahatlamanız veya stresi azaltmanız gerektiğinde bu temel egzersizi deneyin.

1. Rahat bir pozisyonda oturun veya yatın.
2. Bir elinizi kaburgalarınızın hemen altına, diğer elinizi göğsünüze koyun.
3. Burnunuzdan derin bir nefes alın ve karnınızın elinizi dışarı doğru itmesine izin verin. Göğsünüz hareket etmemelidir.
4. Büzülmüş dudaklardan ıslık çalar gibi nefes verin. Karnınızdaki elin içeri girdiğini hissedin ve tüm havayı dışarı atmak için kullanın.
5. Bu nefesi 3 ila 10 kez yapın. Her nefeste kendinize zaman ayırın.
6. Egzersizin sonunda nasıl hissettiğinize dikkat edin.

Karın nefesi konusunda uzmanlaştıktan sonra, bu daha gelişmiş nefes egzersizlerinden birini denemek isteyebilirsiniz. Üçünü de deneyin ve hangisinin sizin için en uygun olduğunu görün:

- 4-7-8 solunum
- Sabah nefesi

4-7-8 solunum

Bu egzersiz aynı zamanda rahatlamanıza yardımcı olmak için karın nefesini kullanır. Bu egzersizi oturarak veya yatarak yapabilirsiniz.

1. Başlamak için, karın nefes egzersizinde olduğu gibi bir elinizi karnınıza, diğer elinizi göğsünüze koyun.
2. Karnınızdan derin, yavaş bir nefes alın ve nefes alırken sessizce 4'e kadar sayın.
3. Nefesinizi tutun ve sessizce 1'den 7'ye kadar sayın.
4. 1'den 8'e kadar sessizce sayarken tamamen nefes verin. 8'e kadar sayarken ciğerlerinizdeki tüm havayı boşaltmaya çalışın.
5. Sakinleşene kadar 3 ila 7 kez tekrarlayın.
6. Egzersizin sonunda nasıl hissettiğinize dikkat edin.

Sabah nefesi

Kas sertliğini azaltmak ve tıkanmış solunum yollarını temizlemek için sabah ilk kalktığınızda bu egzersizi deneyin. Ardından, sırt gerginliğini azaltmak için gün boyunca kullanın.

1. Ayakta dururken, dizlerinizi hafifçe bükerek belden öne doğru eğilin, kollarınızı yere yakın sallayın.

2. Yavaş ve derinden nefes alırken, yavaşça düzelerek ve en son başınızı kaldırarak ayakta durma pozisyonuna dönün.
3. Bu ayakta pozisyonda nefesinizi sadece birkaç saniye tutun.
4. Belden öne doğru eğilerek orijinal pozisyona dönerken yavaşça nefes verin.
5. Egzersizin sonunda nasıl hissettiğinize dikkat edin.

Dikkatli nefes almanın en temel yolu, dikkatinizi nefesinize, nefes alıp vermeye odaklamaktır. Bunu ayakta dururken yapabilirsiniz, ancak ideal olarak rahat bir pozisyonda oturuyor veya hatta uzanıyor olmanızı öneririz. Gözleriniz açık veya kapalı olabilir. Uzmanlar, düzenli bir dikkatli nefes alma uygulamasının zor durumları atlatmayı kolaylaştırabileceğine inanıyor.

1 Hikâye

Hintli bir yaşlı usta, çırağının sürekli her şeyden şikâyet etmesinden bıkmıştı. Bir gün çırağını tuz almaya gönderdi. Hayatındaki her şeyden mutsuz olan çırak döndüğünde, yaşlı usta ona, bir avuç tuzu, bir bardak suya atıp içmesini söyledi.

Çırak, yaşlı adamın söylediğini yaptı ama içer içmez ağzındakileri tükürmeye başladı. "Tadı nasıl?" diye soran yaşlı adama öfkeyle "Acı!" diye cevap verdi. Usta kıkırdayarak, çırağını kolundan tuttu ve dışarı çıkardı. Az ilerdeki gölün kıyısına götürdü ve çırağına bu kez de bir avuç tuzu göle atıp, gölden su içmesini söyledi. Söyleneni yapan çırak, ağzının kenarlarından akan suyu koluyla silerken aynı soruyu sordu: "Tadı nasıl?" "Ferahlatıcı..." diye cevap verdi genç çırak. "Tuzun tadını aldın mı?" diye sordu yaşlı adam.

"Hayır" diye cevapladı çırağı.

Bunun üzerine yaşlı adam, suyun yanına diz çökmüş olan çırağının yanına oturdu ve söyle dedi: "Yaşamdaki ıstıraplar tuz gibidir, ne azdır ne de çok. Istırabın miktarı hep aynıdır. Ancak bu ıstırabın acılığı, neyin içine konulduğuna bağlıdır. Istırabın olduğunda yapman gereken tek şey, ıstırap veren şeyle ilgili hislerini genişletmektir. Onun için sen de artık bardak olmayı bırak, göl olmaya çalış."[4]

4. *Bilgelerden Kahve Molası*, Gökhan Mor

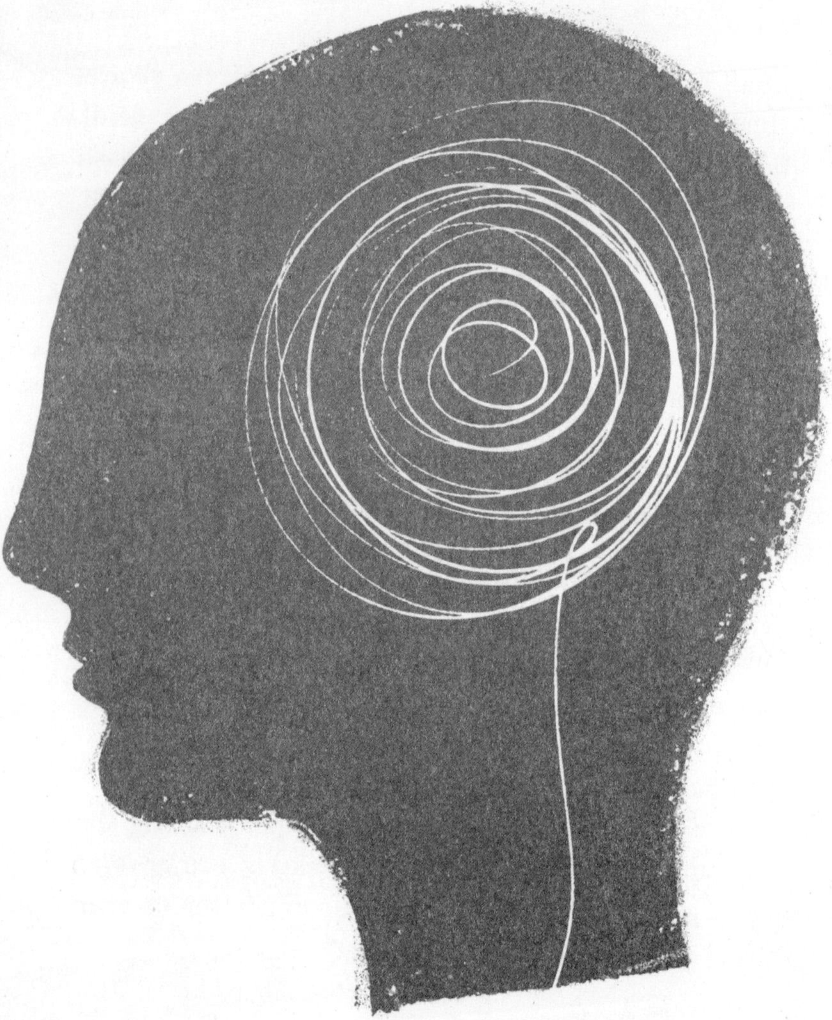

Aşırı Düşünmeyi Durdurmak İçin Farkındalıklı Egzersiz

Farkındalık, dikkatimizi şimdi ve buraya geri getirmekle ilgili olduğu için, farkındalıklı koşma veya yürüme de aynı konsepti uygular.

Farkındalıklı olmak, nefesimize ve fiziksel duyumlarımıza, ayrıca duygularımızın ve düşünce süreçlerimizin nasıl tepki verdiğine dikkat etmeyi içerir. Bu, nefes, aynı zamanda duruşu, yürüyüş hızımızı, koşarken nereye baktığımızı veya odaklandığımızı yani genel formlarını içerir.

Farkındalığın günlük hayatımıza sağlayabileceği kanıtlanmış sağlık yararlarının sayısı göz önüne alındığında, farkındalığı diğer sağlıklı arayışlarla birleştirmenin, refah duygumuzu yükseltmeye gerçekten yardımcı olabileceği mantıklıdır.

Uzmanlar, meditasyonun koşma veya yürüme ile birleştirilmesinin depresif katılımcılar için depresyon semptomlarını neredeyse %40 oranında azaltmaya yardımcı olduğunu belirtiyor.

Uzmanlar farkındalıklı bir egzersiz için aşağıdaki tavsiyeleri sunuyor:

- Kendinizi dış etkenlerden ve günlük baskılardan kurtarın.
- Vücudunuzu gerçekten dinleyin: nefesinizi, duruşunuzu ve duyularınızı.

- Size yardımcı olması için nefesinizi kullanın. Ağızdan nefes alma stres tepkileriyle ilişkilidir, bu nedenle burnunuzdan nefes almaya odaklanmaya çalışın.
- Vücudunuzla ilgili anılarla, geçmiş yaralanmalarla veya koşmayla ilgili deneyimlerle bağlantı kurun. Bu, daha derin iç bağlantılar oluşturmanıza yardımcı olabilir.
- Toplumsal beklentileri değil, siz ve bedeniniz arasındaki içsel konuşmayı sürdürün.
- Bağlantı noktaları, zamanlamalar veya izleme cihazları hakkında endişelenmeyin, sadece vücudunuzu dinleyin.
- Koşunuza veya yürüyüşünüze başlamadan önce vücudunuzu sakin bir duruma getirin. Isınmadan önce, derin nefes farkındalık egzersizleri yaparak kendinizi nötr bir duruma getirmek için biraz zaman ayırın. Bu ne kadar uzun sürerse sürsün -ister 5 dakika ister 10- vücudunuzu hazırlamadan önce zihninizi hazırlamak için zaman ayırın.

Farkındalıklı Bir Koşu İçin İpuçları

Halihazırda bir koşucuysanız veya bir alışkanlık edinmek istiyorsanız, koşu yolculuğunuza farkındalık eklemek çok kolay.

İşte size yardımcı olacak ipuçları:

1. Koşunuzu koşu bandından dışarı çıkarın.

Dışarıda koşmak, daha farkındalıklı bir koşu pratiği oluşturmanıza yardımcı olabilir, çünkü odaklanmanız gereken daha çok şey olacak ve kendi düşüncelerinizde kaybolmanızı zorlaştıracaktır. Patika koşusu harika bir hobidir. Size güzel bir manzara sunmanın yanı sıra, tam olarak anda odaklanmanız için size meydan okuyacaktır.

2. Tüm duyularınızı harekete geçirin ve kulaklıkları evde bırakın.

Koşarken müzik dinlemek harika bir motive edici olsa da farkındalıklı koşma alışkanlığı kazanmaya çalışırken dikkati dağıtır. Kulaklıkları evde bırakın ve zamanı nefesinize, koşarken vücudunuzun seslerine ve çevrenize odaklanmak için kullanın.

3. Yavaş başlayın ve zamanla yükselin.

Dikkatli koşma, tüm duyularınızı harekete geçirmek, çevreye ve egzersize nasıl tepki verdiğimize odaklanmakla ilgilidir. Yavaşça başlayarak, hızınızı ve hareketinizi yavaşça artırırken vücudunuzun nasıl tepki verdiğine dikkat edebilirsiniz.

Vücudunuzun herhangi bir bölümünün gergin olup olmadığına ve ısındıkça kaslarınızın nasıl hissettiğine dikkat edin. Farkındalıklı bir koşuda anafikir, tüm bu ince değişikliklerin, onlar hakkında fazla düşünmeden farkına varmaktır.

4. Düşüncelerinize dikkat edin.

Fiziksel tepkilerinize odaklandıktan sonra, düşüncelerinize ve hislerinize dönebilirsiniz. Koşu veya yürüyüş esnasında ne düşünüyorsunuz? Kendinizi mi eleştiriyorsunuz? Kafanızda senaryoları veya konuşmaları tekrar ediyor musunuz? Fiziksel olarak koşabildiğiniz ve bu anı kendinize ayıracak zaman bulduğunuz için şükran duyuyor musunuz?

Düşüncelerinizi ve duygularınızı kabul edin, ancak bunlar üzerinde durmayın. Kendinizi düşüncelere takılmışken bulursanız, dikkatinizi bu düşünceler yerine nazikçe nefesinize geri getirin.

5. Ayaklarınızın nereye bastığını kontrol edin.

Olumsuz düşüncelerden uzak durmakta zorlandığınızı fark ederseniz, odağınızı ayaklarınızın fiziksel hissine çevirin. Yere her bastığınızda ne hissettiğinize odaklanın.

Ayak parmaklarınızda, tüm ayağınızda ve ayak bileğinizde fiziksel his nasıl? Formunuza odaklanın ve doğru gelmeyen her şeyi düzeltin. Hareketlerinizi hafif tutmaya çalışın.

6. Rahatsızlığı kabul edin.

Koşunuza devam ederken, vücudunuzun nasıl tepki vermeye devam ettiğine dikkat edin. Herhangi bir rahatsızlık veya ağrı hissetmeye başladınız mı? Nefesiniz nasıl? Bu rahatsızlık size ne anlatıyor? Yavaşlamanız, durmanız veya kısa bir mola vermeniz mi gerekiyor? Günlük limitinize ulaştınız mı, yoksa kendinize biraz daha meydan okuyabilir misiniz?

Deneyimli bir koşucuysanız, rahatsızlığın dayanıklılığınızı zorlamanın bir işareti olabileceğini bilirsiniz, ancak daha yeniyseniz, bu, kondisyonunuzu geliştirirken bir mola verme zamanının geldiğini gösterebilir.

7. Bitiş çizgisinde düşünmek için zaman ayırın.

Koşunuzun sonuna geldiğinizde, farkındalıklı bir uygulama yapmaya devam edin. Bazı soğuma egzersizlerini yaparken nasıl hissettiğinizi düşünün. Nefesinize odaklanın. Kalp atışlarınızın yavaşlamaya başladığını fark edin. Vücudunuzun soğumaya başladığını hissedin.

Esneme hareketleri yaparken, her bir kası ve size ne söylediğini hissedin. Duygularınızı ve düşüncelerinizi yansıtın. Kendinizi mutlu veya hayal kırıklığına uğramış mı hissediyorsunuz? Neden olabilir? Düşüncelerinizi tarafsız bir yere geri getirmeye çalışın ve bu alıştırmayı küçük bir şükran alıştırması ile bitirmeye çalışın.

İşiniz bittiğinde, koşunuza yansıyan bazı notlar almak isteyebilirsiniz. Zamanla notlarınızı gözden geçirebilir, fiziksel ve duygusal tepkilerinizin zaman içinde nasıl değiştiğini gözlemleyebilirsiniz.

Farkındalıklı koşmak pek hoşunuza gitmiyorsa, aynı ilkeleri dikkatli yürüyüşle de deneyebilirsiniz.

Doğada farkındalıklı bir yürüyüş, aynı derecede umut verici sağlık yararlarına sahip olabilir. Örneğin, yürüme ile birlikte meditasyonun gençlerde kaygı durumlarını iyileştirdiği gösterilmiştir.

Farkındalıklı bir yürüyüşü günlük bir alışkanlık olarak dahil etmek, daha büyük bir öz farkındalık duygusu getirmeye ve stresi azaltmaya yardımcı olabilir. Farkındalıklı bir yürüyüşe çıktığınızda:

1. Dikkatinizi fiziksel varlığınıza getirin. Başınızın üstünden başlayın ve ayak parmaklarınıza kadar inin. Yüz

özelliklerinizin, uzuvlarınızın, sırtınızın ve karnınızın her birine odaklanın. Yürürken her kasın nasıl dahil olduğuna dikkat edin.

2. Yürürken kollarınızın ve bacaklarınızın nasıl hareket ettiğini ve her adımınızda zeminin hissini fark edin.
3. Odağınızı nefesinize verin. Nefes alırken hissedin. Her nefesi ciğerlerinizin derinliklerine çekerek kaburgalarınızın genişlediğini hissedin. Yavaşça nefes verin.
4. Yürürken tüm duyularınızı harekete geçirin. Ne görüyor, kokluyor, duyuyor ve tadıyorsunuz? Temiz hava cildinize değdiğinde nasıl hissediyorsunuz?
5. Farkındalıklı egzersiz sırasında zihninizin dağılması normaldir. Diğer farkındalık uygulamalarında olduğu gibi, düşünceleri uzaklaştırmaya çalışmayın. Zihninize girmelerine izin verin ve nazikçe bırakın, zihninizi sakin bir şekilde şimdiki ana getirin.

Vücut Tarama Çalışması

Bazen kendinizi strese o kadar kaptırabilirsiniz ki yaşadığınız fiziksel rahatsızlığın (baş ağrıları, sırt ve omuz ağrıları ve gergin kaslar gibi) duygusal durumunuzla bağlantılı olduğunu fark edemezsiniz.

Vücut taraması meditasyonu, yaşadığınızın farkında bile olmadığınız fiziksel gerilimi serbest bırakmanın iyi bir yoludur. Vücut taraması, ayaklardan başa kademeli bir sırayla vücudun bölümlerine ve bedensel duyumlara dikkat etmeyi içerir.

Bedensel duyumlar hakkında daha fazla farkındalık geliştirmek, fiziksel benliğinize daha bağlı hissetmenize ve istenmeyen duyguların olası nedenlerine ilişkin daha fazla içgörü kazanmanıza yardımcı olabilir.

Bu bilgi, neyin yanlış olduğunu ele almayı kolaylaştırabilir, bu da beden ve zihinde iyileştirilmiş zindeliğe yol açar.

Uzmanlar, meditasyonun fiziksel ve duygusal sağlığı çeşitli şekillerde destekleyebileceğini gösteren kanıtlar buldular, örneğin:

- Gelişmiş Uyku
- Kaygı ve Stres Giderme
- Daha Fazla Öz Farkındalık
- Artan Öz-Şefkat
- Azaltılmış Ağrı

Vücut taraması uzanırken, otururken veya diğer duruşlarda yapılabilir. Aşağıdaki adımlar, otururken yapılmak üzere tasarlanmış rehberli bir meditasyondur. Özellikle vücut taramasına yeni başlayanlar için bu uygulamayı ses ile gerçekleştirmenizi öneririz. Bununla birlikte, aşağıdaki komut dosyasını kendiniz için rehberlik etmek veya bu uygulamayı başkaları için yönlendirmek için de kullanabilirsiniz.

1 Soru
1 Cevap

Vücut Taraması Nedir?

Vücut taraması meditasyonu, çok gergin olduğunuzda rahat bir duruma geri dönmenize ve bunu korumanıza yardımcı olabilecek çok faydalı ve etkili bir meditasyondur.

İnternet üzerinden herhangi bir ses kaydı yardımıyla yapmayacaksanız aşağıdaki listeyi uygulayarak vücut tarama çalışmasını gerçekleştirebilirsiniz.

1. Dikkatinizi çevrenize vererek, yavaşça etrafınıza bakarak ve şu anda güvende olduğunuzu fark ederek başlayın.
2. Dikkatinizi vücudunuza getirin.
3. Gözlerinizi kapatabilir veya gözleriniz kısmen kapalı, ancak belirli bir şeye odaklanmadan yumuşak bir bakış sağlayabilirsiniz.
4. Oturduğunuz yerde sandalyenin veya altınızdaki zeminin desteğini hissedebilirsiniz.

5. Birkaç derin, uzun nefes alın.
6. Derin nefes alırken, vücuda daha fazla oksijen getirerek vücudu canlandırın. Ve nefes verirken, daha derin bir rahatlama hissi yaşadığınızı düşünün.
7. Ayaklarınızın yerde olduğunu fark edin, ayaklarınızın zemine dokunma hissini fark edin. Ağırlık ve basınç, titreşim, ısı...
8. Bacaklarınızın sandalyedeki baskısını, ağırlığını veya hafifliğini fark edin.
9. Sırtınızı koltuğa dayadığınızda, sizi desteklediğine dikkat edin. Vücudun tüm bölgelerindeki hisleri fark edemiyorsanız, sorun değil. Günün farklı saatlerinde vücudun belirli bölgelerine diğerlerinden daha fazla bağlıyız.
10. Dikkatinizi mide bölgenize getirin. Karnınız gerginse, yumuşamasına izin verebilir misiniz? Nefes alın.
11. Ellerinize dikkat edin. Elleriniz gergin mi? Yumuşamalarına izin verip veremeyeceğinize bakın.
12. Kollarınıza dikkat edin. Kollarınızdaki herhangi bir hissi fark edin. Omuzlarınızın yumuşamasına izin vermek için elinizden gelenin en iyisini yapın.
13. Boynunuza ve boğazınıza dikkat edin. Yumuşak olmalarına izin vermeye çalışın.
14. Çenenizi yumuşatmaya çalışın. Yüzünüzün ve yüz kaslarınızın yumuşak olmasına izin vermek için elinizden gelenin en iyisini yapın.
15. Sonra tüm vücudunuzu fark edin. Bir nefes daha alın.
16. Elinizden geldiğince tüm vücudunuzun farkında olun. Nefes alın. Özellikle hiçbir şeye odaklanmadan gözlerinizi yavaşça açın. Başınızın ve boynunuzun içinde bulunduğunuz alanı alarak hafifçe dönmesine izin verin.

Kendinizi hazır hissettiğinizde normal bakışlarınıza dönebilirsiniz.

Bir vücut taraması veya herhangi bir meditasyon türü ilk seferde pek işinize yaramıyorsa, cesaretinizi kırmamaya çalışın. Meditasyona alışmak biraz zaman alabilir ve bu tamamen normaldir. Bu vücut tarama meditasyonunu, stres hissettiğinizde veya gün boyunca birkaç kez düzenli bir uygulama olarak uygulayın.

Çok fazla zamanınız yoksa, bu vücut tarama meditasyonunun kısaltılmış bir versiyonunu, parça parça hareket etmek yerine, sadece oturarak ve vücudunuzda gerginlik taşıdığınız herhangi bir yeri fark ederek yapabilirsiniz. Bu, vücut tarama meditasyonunu ne kadar çok uygularsanız o kadar kolaylaşacaktır.

Aşırı Düşünme ile Mücadelede Olumlamaların Gücü

Olumlamaları her gün tekrarlamak hayatınızı değiştirebilir mi?

İnanması zor olabilir, ancak birçok araştırma çalışması bu iddiayı desteklemektedir. Araştırmalar, düzenli olarak olumlu onaylamalar kullanmanın beyninizi yeniden yapılandırdığını bulmuştur. Bu, genellikle sadece birkaç hafta içinde zihninizin yapısını temelden değiştirebileceğiniz anlamına gelir.

Düşünceleriniz yarışıyorsa ve onları kontrol altına alamıyorsanız, kendinize bir veya daha fazla olumlamayı tekrarlamak gerçekten yardımcı olabilir. Kısa bir cümleyi tekrar tekrar söylemek, zihninizdeki kasırgayı bastırıp sakinliği ve düzeni geri getirebilir.

Daha olumlu bir bakış açısına sahip olduğunuzda neler yapabileceğinizi ve nasıl hissedeceğinizi hayal edin. Her türlü zorluğun üstesinden gelebilecek, profesyonel teslim tarihlerinizi karşılayabilecek ve daha fazla huzur ve refahın tadını çıkarabileceksiniz.

Negatif düşüncelerinizi basit ama güçlü bir olumlamayla değiştirdiğinizde, beyninizdeki elektriksel uyarıların döngüsel akışını keser ve onu daha dengeli bir ortama geri dönmeye zorlarsınız.

1 Soru
1 Cevap

Olumlama Nedir?

Basitçe söylemek gerekirse, olumlamalar, kesinlikle iyimser bir tonla kısa, bildirim niteliğinde cümlelerdir.

Bu yolculuğa başladığınızda söylediklerinize inanmasanız bile olumlamalar şimdiki zamanda belirtmeye dikkat edin. Bunun nedeni, algılarınızı ve beyninizi dönüştürmeye yardımcı olan şey, sanki zaten varmış gibi kasıtlı olarak ve tekrar tekrar ifade etme eylemidir.

Örneğin, olumlamalarınızdan biri "Ben güçlüyüm ve kendime güveniyorum" olabilir. Belki de başlangıçta bu düşünceleri dile getirirken güçlü ve kendinden emin olmaktan başka bir şey hissedeceksiniz. Fakat çok yakında, tahmin ettiğinizden daha fazla güce ve güvene sahip olduğunuzu göreceksiniz.

Olumlamalar Nasıl Çalışır?

Belirli bir süre boyunca olumlamalarla meşgul olduğunuzda, yeni ve daha güçlü sinirsel bağlantılar ve kimyasal yollar kurarsınız. Birçok bilim insanı beyindeki bu değişiklikleri nöroplastisite olarak adlandırır.

Columbia Üniversitesi'nden Dr. David J. Hellerstein'ın belirttiği gibi: "Kısaca, 'nöroplastisitenin', yani beyin yapısının ve işlevinin devam eden yeniden şekillenmesinin yaşam boyunca meydana geldiğini fark ettik. Yaşam deneyimlerinden, genlerden, biyolojik ajanlardan ve davranışla olduğu kadar düşünce kalıplarıyla da etkilenebilir."

Bu, insanların tanıştığı diğer bireylerden işgal ettikleri çevreye ve sahip oldukları düşüncelere kadar yaptıkları her şeyin aslında beynin yapısını değiştirdiği anlamına gelir. Bu değişiklikler insan yaşamı boyunca gerçekleşir, bu nedenle olumlu mantraları veya olumlamaları denemeye başlamak için asla geç değildir.

İşte günlük olumlamaların neden işe yaradığı hakkında başka bir sır: Zihniniz neyin gerçek, neyin uydurma olduğunu bilmiyor. "Ben güçlüyüm ve kendime güveniyorum" ifadesini ne kadar sık tekrarlarsanız, beyniniz buna o kadar çok inanacaktır. Yakında, düşüncenizde çok daha olumlu bir eğilim fark edeceksiniz ve bu sizi umutlarınızı ve hayallerinizi gerçekleştirmeye daha da yaklaştıracak.

Olumsuz kendi kendine konuşma, insan deneyiminin talihsiz bir gerçeğidir. Çoğu insan için bu duruma genç yaşta başlar. İstismarcı veya ihmalkâr bir ebeveyn, dikkatsiz bir öğretmen veya düşüncesiz bir antrenör, çocuğun hayatında zararlı ve tekrar eden bir tema haline gelen bir şey söyleyebilir. Bu, çocuğun görünüşü, kişiliği, zekâsı veya varlığının diğer herhangi bir yönü ile ilgili olabilir. Sonuç aynı: Asla kaybolmayan bir olumsuz kendi kendine konuşma alışkanlığı.

- "Şişmanım."
- "Ben akıllı değilim."
- "Bu iş için hiç yeteneğim yok."
- "Eğer kötü bir şey olması gerekiyorsa, neden hep benim başıma gelmek zorunda?"

Her gün olumsuz kendi kendine konuşmalar yaşarız. Çoğu zaman, insanlar olumsuz düşüncelerin eylemlerini ve duygularını etkilemesine ne zaman izin verdiklerinin farkında bile olmazlar.

İyi bir olumlama programı, tüm bu olumsuz düşüncelerle savaşmak için tam olarak ihtiyaç duyulan şeydir.

Olumlamalar Nasıl Daha Etkili Kullanılır?

Uzman görüşleri, olumlamaların ne zaman uygulanması gerektiği konusunda büyük farklılıklar gösterir. Sonuç almak için günlük pratik yapmanın şart olduğu konusunda hemfikir olunuyor ve birçok insan güne olumalamalarını okuyarak başlamayı tavsiye ediyor.

Peki, olumlama uygulamanızın etkili olmasını ve en kısa sürede sonuç almaya başlamayı nasıl sağlayabiliriz?

1. Olumlamalarınızı Yazın

Bu, aktif bir uygulama sağlamaya yönelik ilk kritik adımdır. Olumlamalarınızı kâğıda fiziksel olarak kaydetme eylemi, cümleleri zihninize ve bedeninize bağlar.

Bu nedenle, geleneksel kâğıt ve kalemle günlük tutmanın, elektronik günlükten daha etkili olduğu düşünülmektedir. Yazmak, düşünmekten daha yavaş ve daha bilinçli bir iştir. Bu, zihninize ve bedeninize, olumlamalarınızdaki her kelimenin anlamını özümseme konusunda gerçek bir şans verir.

Ek olarak, olumlama kullanan birçok kişi, mevcut olumlamalarını tekrar tekrar yazmakta büyük fayda görür. Bunu haftalık veya daha sık olarak uygulamanızın bir parçası yapmak, daha hızlı sonuçlar elde etmenize yardımcı olabilir.

2. Olumlamalarınızı Her Gün Kullanın

Her sabah aynanın karşısında birkaç dakika geçirin. Kendinden emin bir sesle olumlamalarınızı okurken derin ve yavaş nefes alın. Her olumlamayı en az beş kez söyleyin ve kelimelerin gücünün ve anlamının zihninize yerleşmesine izin verin.

Daha da hızlı sonuç almak için, aynı egzersizi öğlen saatlerinde ve akşam yatmadan önce yapın. Olumlamalarınızı yüksek sesle tekrarladığınızda düşüncelerinizin pozitif yönde sürüklenmesi sayesinde daha iyi uyuduğunuzu keşfedebilirsiniz.

Meditasyon yapıyorsanız veya bu uygulamayı benimsemeyi umuyorsanız, olumlamalarınızı meditasyon ile birlikte de kullanabilirsiniz. Seans boyunca seçtiğiniz olumlamayı kafanızda tekrar edin. Vücudunuzla olan bağlantıyı daha da derinleştirmek için nefesinizi olumlamanıza odaklamaya çalışın.

3. Olumsuz Bir Düşünce Fark Ettiğinizde Olumlamalarınızı Tekrarlayın

Olumlamaları kullanmak dinamik bir uygulamadır. Olumlamalarınızı yüksek sesle okuduğunuz veya not aldığınız anlarla sınırlamak zorunda değilsiniz.

Olumsuz, sizi yenilgiye uğratan bir düşünceniz olduğunu fark ettiğinizde, buna olumlamalarınızdan biriyle karşılık verin. Uygulamanın bu yönü konusunda gayretli olun ve kısa süre sonra otomatik olumsuz düşüncelerinizin daha az sıklıkta ortaya çıktığını ve zihninize hükmetmek için çok daha az güce sahip olduklarını keşfedeceksiniz.

Güçlü Olumlamalar

Kullanacağınız onaylamalar tamamen size kalmış. Bununla birlikte, dünya çapında milyonlarca insanın etkili bulduğu birçok olumlama var. Aşağıdaki olumlama listesini kullanmak, pratiğinize başlamanıza yardımcı olabilir.

Ayrıca, bu olumlamalardan herhangi birini ihtiyaçlarınıza göre değiştirebileceğinizi de unutmayın. Sadece şimdiki zamana bağlı kaldığınızdan emin olun.

Gelecek hakkında endişelenmeyi bırakmaya yönelik olumlamalar:

- Geleceğe güveniyorum.
- Hayatımın kontrolü bende.
- Hayattaki her şey benim iyiliğim için oluyor.
- İyi şeyleri hayatıma çekiyorum.
- Olan her şeyi kabul ediyor ve kucaklıyorum.
- Cesaret ve bilgelikle her engeli aşıyorum.
- Herhangi bir zorlu durumu memnuniyetle çözerim.
- Olaylar üzerindeki kontrol ihtiyacımı serbest bırakıyorum.
- İstediğim hayatı yaratma gücüne sahibim.

Para konusunda endişelenmeyi bırakmaya yönelik olumlamalar

- Finansal olarak istikrarlıyım.
- Maddi bolluğu kolayca gösterebilirim.
- Serbest ve sınırsız nakit akışım var.
- Para bana kolay gelir.
- Maddi olarak özgürüm.
- Ben bir para mıknatısıyım.
- Zenginlik ve refahı çekiyorum.

Geçmiş hakkında endişelenmeyi bırakmaya yönelik olumlamalar

- Geçmişteki tüm hatalarımı affediyorum.
- Olan her şeyi kabul ediyorum.
- Geçmişin benim üzerimde hiçbir gücü ya da kontrolü yok.
- Geçmiş deneyimlerim için minnettarım.
- Geçmişten aldığım dersler için minnettarım.
- Geçmişteki sorunları ve endişeleri bıraktım.
- Geçmişi bırakıyorum ve şimdiki zamanda yaşıyorum.

İş hakkında endişelenmeyi bırakmaya yönelik olumlamalar

- Sakin ve huzurlu bir ortamda çalışıyorum.
- Etrafım harika iş arkadaşlarıyla çevrili.

- İşimi harika yapıyorum.
- İşle ilgili herhangi bir zorluğu kolayca çözerim.
- İşimde katkıda bulunur ve fark yaratırım.
- İşim kolay ve stressizdir.

Sakinleşmek için olumlamalar

- Endişelerden özgürüm.
- Stresimi ve kaygımı bıraktım.
- Sakin, kendinden emin ve dengedeyim.
- Her gün daha da rahat bir insan oluyorum.
- Sakin olmak benim için doğal bir şey.
- Zihnim berrak, vücudum rahat.

Aşırı düşünmeyi durdurmak için olumlamalar

- Kafam sakin ve rahat.
- Yaşam sürecine güveniyorum.
- Ben şimdiki zamanda yaşıyorum.
- Huzur ve neşe doluyum.
- Bana hizmet etmeyen tüm olumsuz düşünceleri salıveriyorum.
- Takıntılı düşünmenin üstesinden geliyorum.
- Zihnimi susturabilirim.
- Herhangi bir yanlış düşünceyi serbest bırakıyorum.
- Her türlü acı düşünceyi bırakabiliyorum.
- Güçlü bir disipline ve iradeye sahibim.

"Gelecek için
en iyi hazırlık,
hiç yokmuş gibi
yaşamaktır."

– Albert Einstein

Bitirirken

Bilinçaltı zihin, hayatınızdaki her şeyi yöneten güçlü ikincil bir sistemdir. Bilinç ve bilinçaltı arasındaki iletişimi nasıl harekete geçireceğinizi öğrenmek, başarıya, mutluluğa ve zenginliğe giden yolda güçlü bir araçtır. Bilinçaltı zihniniz hayal edebileceğinizden daha şaşırtıcıdır.

Bilinçaltı zihin, bilinçli zihninizde olmayan her şey için bir bilgi bankasıdır. İnançlarınızı, önceki deneyimlerinizi, anılarınızı, becerilerinizi depolar. Gördüğünüz, yaptığınız veya düşündüğünüz her şey orada.

Bilinçaltı ve bilinçli zihin arasındaki iletişim çift yönlüdür. Geçmişten bir fikriniz, bir duygunuz, bir hatıranız veya bir imajınız olduğunda, bu bilinçaltı zihninizin bilinçli zihninizle iletişim kurmasıdır. Diğer şekilde iletişim o kadar önemsiz değildir ve otomatik telkin ilkesi kullanılarak sağlanır.

İnsanların beyinlerinin sadece bir kısmını kullandığını hiç okudunuz mu? Eh, bu en çok bilinçaltından kaynaklanıyor. Bilimadamları bunu hiçbir zaman derinlemesine incelemedi ve hâlâ onun hakkında yeterince bilgi sahibi değiliz. Ancak, yaptığımız hemen hemen her şeyi çalıştırabileceğini ve kontrol edebileceğini biliyoruz.

Örneğin, meditasyon yaptığınızda ve nefesinizi kontrol etmeye başladığınızda, kontrolü bilinçaltından alır ve bilinçli zihninize verirsiniz. Sonra onu kontrol etmeyi bırakırsın ve bilinçaltın kontrolü ele alır. Daha fazla düşünmene gerek yoktur. Başka bir uyaran onu değiştirene kadar (örneğin stres) nefesiniz rahatlamaya devam edecektir. Unutmayın, her şey kafanızın arkasından kontrol edilir.

Bilinçaltı zihnin en iyi karşılaştırması vahşi bir maymunladır. Kolay yorulmadığı için bütün gün koşabilir. Ve beynin ana bölümüne rasgele bilgi parçaları getirebilir. Veya hedeflerinize ulaşmak ve size başarılı olmak için ihtiyaç duyduğunuz bilgileri (fırsatlar) getirmekle meşgul olabilir. Yapmanız gereken tek şey bu vahşi maymuna bir amaç vermek!

Düşünceleri bilinçli zihninizden bilinçaltınıza iletmek zordur çünkü duygularla yapılmalıdır. Sadece gerçek duygularla aktarılan düşünceler aklınızın bir köşesine gider. Ve sadece güçlü bir duygu tarafından desteklenen düşünceler orada kalır. Ne yazık ki bu hem olumsuz hem de olumlu duygular için geçerlidir. Ve ne yazık ki olumsuz duygular genellikle olumlu olanlardan daha güçlüdür.

En güçlü, olumlu duygular inanç, sevgi ve sekstir. İlk ikisi daha manevi, sonuncusu daha biyolojik. Hepsi mevcut olduğunda, herhangi bir düşünceyi güçlendirir ve bilinçaltına kolayca girebilir. Ardından düşünceye göre hareket edecek ve onu eylemlere, fırsatlara ve fikirlere dönüştürecektir.

İnanç, kendi kendine telkin ilkesi aracılığıyla bilinçaltına yapılan olumlamalar veya tekrarlanan talimatlarla indüklenebilen veya yaratılabilen bir zihin durumudur.

İnanç umuttan farklıdır, çünkü inancımız olduğunda sonuçtan eminizdir. Ve umduğumuzda, sadece kendinize belirsiz koşullarda olası bir senaryo öneriyoruz.

Bilinçaltımıza dair bildiğimiz ve bilmediğimiz birçok şey var.

İşte, bilinçaltınız hakkında bilmediğiniz gerçekler:

1. Bilinçaltı rüyalar.

Rüyalar, zamanın başlangıcından beri bilimadamları, filozoflar ve ilahiyatçılar tarafından sayısız farklı teori ve yorumla incelenmiştir.

Sigmund Freud, rüyaları bilinçaltımıza açılan bir pencere ve en derin arzularımızın ve endişelerimizin (çoğunlukla cinsel nitelikteki) ve bastırılmış çocukluk anılarının veya takıntılarımızın bir tezahürü olarak açıkladı. Ancak Freud bile "Bazen bir puro sadece bir purodur" diyerek her şeye gereksiz anlam yüklememek gerektiğinin altını çizmişti.

Bugün sinirbilim, genellikle rüyaların tamamen fizyolojik olduğunu ve beynin uyku sırasında zihinde uçuşan uyanık haldeki son deneyimlerinden veya hatıralardan rasgele düşünce ve görüntüleri anlamlandırma girişimini temsil ettiğini kabul eder.

2. Bilinçaltı zihin süreçlerinizin yüzde 95'ini kontrol ediyor.

Bilinçaltımız istemli veya istemsiz her fiziksel hareketi kontrol ettiğinden, aslında bu bilgi o kadar da şaşırtıcı değil. Günümüz bilimi, beyin aktivitesinin yüzde 95'inin bilinçsiz olduğunu tahmin ediyor, yani aldığımız kararların, yaptığımız eylemlerin, duygularımızın ve davranışlarımızın çoğunluğu, bilinçli farkındalığın ötesinde bulunan beyin aktivitesinin yüzde 95'ine bağlı.

3. Bilinçaltı zihin her zaman uyanıktır.

Bilinçaltı zihniniz asla uyumaz, dinlenmez veya ara vermez çünkü vücudun tüm hayati süreçlerini ve işlevlerini kontrol eder. Örneğin bilinçaltı, kalp atışını, kan dolaşımını kontrol eder, sindirimi düzenler. Bilinçli zihnimiz uykudayken, bilinçaltı zihnimiz tamamen uyanık kalır. Bilim, uyurken bile her şeyi duyduğumuzu ve işlediğimizi gösteriyor.

4. Bilinçaltı zihin alışkanlığa dayalıdır.

Uyanmak, işe gidip gelmek, yemek yemek, içmek ve uyumak gibi günlük rutinlerimizi yapmak alışkanlık haline gelir. Bunun nedeni, bilgiyi hızlı ve farkında olmadan işlememizdir, işte bilinçaltı budur. Freud, bilinçaltının günlük faaliyetlerimizin çoğunu biz farkında olmadan yaptığına inanıyordu.

5. Bilinçaltı her şeyi kelimenin tam anlamıyla algılar.

Bilinçaltının her şeyi kelimenin tam anlamıyla alma alışkanlığı vardır. Negatif ile pozitif arasında ayrım yapmaz. Dolayısıyla, kendinize sürekli olarak belirli bir girişimde asla başarılı olamayacağınızı söylerseniz, muhtemelen bu şekilde sonuçlanacaktır. Bilinçaltı zihin özneldir. Bağımsız olarak düşünmez veya akıl yürütmez, sadece bilinçli zihninizden aldığı komutlara uyar. Henry Ford'un dediği gibi: "Yapabileceğinizi düşünüyorsanız ya da yapamayacağınızı düşünüyorsanız, haklısınız!"

6. Bilinçaltı zihin şimdiki zamana dayalıdır.

Gelecek hakkında rüya gördüğümüzde veya geçmişe dair nostaljik düşüncelere kapıldığımızda, görev başındaki bilinçli zihindir. Bilinçli zihin, şimdiki zamandan ziyade geçmiş ve gelecek açısından düşünür. Bilinçaltı zihnimiz ise sürekli olarak şimdiki ana odaklanır. Bu nedenle, içsel düşüncelerinize dikkat etmeniz çok önemlidir, "Başarılı olacağım" yerine "Başarılıyım" demeniz gerekir.

7. Bilinçaltı zihin bir bilgisayar işlemcisi gibidir.

Bilgisayarlar başlangıçta beyin modeli etrafında tasarlandı ve elektronik beyinler olarak adlandırıldı. İnsan vücudu, günümüz bilgisayarlarıyla büyük ölçüde aynı şekilde çalışır; daha doğrusu bilgisayarlar, şimdiye kadar var olan en karmaşık işlem birimi olan insan beyniyle hemen hemen aynı şekilde çalışır. Bilinçaltı zihin, bilinçli zihinden çok daha güçlüdür ve beş duyunuz aracılığıyla gelen büyük miktarda bilgiyi işleyebilir ve göz açıp kapayıncaya kadar beyninize geri gönderebilir.

8. Bilinçaltı zihin ilkeldir.

Bilinçaltı zihnimiz, mantık veya akıldan çok duyguya odaklanan imgeler, duygular ve metaforlarla iletişim kurar. Sezgimiz, bilinçaltı ile bilinçli zihin arasında bir köprü görevi gören beyindeki karmaşık sistemdir. Analitik akıl yürütme gerektirmeyen beynin sürecidir.

9. Bilinçaltı zihin çok görevlidir.

Birçoğumuz çoklu görev yapabileceğimizi düşünsek de gerçek şu ki bilinçli olarak aynı anda iki şeye odaklanmak oldukça imkânsız. Aynı anda iki şeye dikkat etmeye çalıştığımızda, beyin nöronal dikkatini bir şeye, sonra diğerine, sonra tekrar ilk şeye verir. Aynı anda iki şeye dikkati asla veremiyoruz. Aynı şekilde aynı anda hem mutlu hem üzgün ya da kızgın ve sakin hissetmek fiziksel olarak imkânsız, ancak duygular arasında çok hızlı geçiş yapabiliriz.

Celladına Âşık İnsanlarız

Kaygıdan mustaripseniz, muhtemelen zihninizle çekişmeli ve karmaşık bir ilişkiniz var. Zihniniz size işkence ediyormuş gibi geliyor, değil mi? Sizinle sürekli korkmanız gereken şeyler ve başınıza gelebilecek korkunç şeyler hakkında konuşuyor. Bunlar hakkında endişelenmeniz, analiz etmeniz ve güvence aramanız gerektiğini söyler. Asla susmaz. Sizi yalnız bırakmaz. Belki de en kötüsü, ona olacağını söylediği kötü şeyden korkmanıza gerek olmadığını söylemeye çalıştığınızda, size deli, aptal ya da bir sürü kötü isim takmasıdır. Tam bir zorba diyebiliriz.

Aşırı düşünme sarmalına girdiğinizde zihniniz size işkence ediyormuş gibi gelir. Ve yine de ona taparsınız. Söylediklerini fazlasıyla ciddiye alırsınız. Zihniniz bir şey söylüyorsa, bunun önemli olması gerektiğine inanırsınız. Sonuçta bir anlamı olmalı, değil mi? Zihniniz size ne kadar kötü davranırsa davransın, ona son derece saygı duyar ve güvenirsiniz. İşte sorun tam da burada başlıyor.

O sizin işkenceciniz, ama yine de ona tapıyorsunuz!

Sorun, zihninizin size olumsuz düşünceler vermesi değil; sorun, zihninizi çok ciddiye almanız. Zihninizin bir şeyin önemli olduğunu söylemesi, onun gerçekten önemli olduğu anlamına gelmez. Ya da bir şeyin önemli hissettirmesi, aynı zamanda önemli olduğu anlamına gelmez.

Düşünceler sadece düşüncelerdir. Düşünceler gerçekler değildir. Düşünceler anlamlı değildir. Düşüncelerinizin içeriği önemli değildir.

Önemli olan zihninize nasıl davrandığınızdır. Söylediği her şeyi ciddiye alırsanız, ona çok fazla saygı duyarsanız ve zihninize çok fazla güvenirseniz, bu endişe bozukluğuna giden yolun başlangıcıdır.

Zihninize yaklaşmanın daha sağlıklı bir yolu var: Onu bu kadar ciddiye almayın. Her söylediğine inanmayın. Özellikle sizi endişelendiren şeyler hakkında zihninize güvenilir bir bilgi kaynağı gibi davranmayın.

Zihninizin sizi anlamsız, olumsuz düşüncelerle beslemesi yalnızca size has bir durum değil. Bütün zihinler böyle çalışır. Zihniniz sadece her zihnin yaptığını yapıyor.

Zihnimiz bizi bir şeyler hakkında uyarmaktan hoşlanır çünkü zihinlerimiz bunu yaparak bizi güvende tuttuklarını düşünür. Ama zihniniz işini yapıyor diye, bu düşüncelerin gerçekten bir anlamı olduğu anlamına gelmez. Yine, düşünceler sadece düşüncelerdir.

Sevgilinizin sizi terk edebileceğini düşündüğünüzde, bu sadece kafanızdaki bir vızıltıdır. Buna öyle davranın: Görmezden gelin ve gününüzde gerçekte ne yapıyorsanız ona devam edin.

Kirli bir şeye dokunduğunda ölümcül bir hastalığa yakalanabileceğinizi düşündüğünüzde, bu sadece beyninizde ateşlenen rasgele bir nörondur. Hiçbir anlamı yok. Buna öyle davranın: Zihninize karşı küçümseyici olun ve ona dikkatinizi veya zamanınızı vermeyin.

Unutmayın, zihninize bu şekilde davrandığınızda, bu, zihninizin mutlaka böyle şeyler söylemekten vazgeçeceği anlamına gelmez. Zihniniz yapmak istediğini yine yapacaktır; kafanıza takılan düşünceler üzerinde kontrolünüz yok. Kimsenin yok. Önemli olan hangi düşüncelere sahip olduğunuz değil, o düşüncelere sahip olduğunuzda ne yaptığınızdır.

Bu nedenle, bir dahaki sefere, bir şey hakkında neden endişeli hissetmeniz gerektiği konusunda zihniniz çalışmaya başladığında, ona farklı şekilde tepki vermeye çalışın. Zihninize tapmayın, onun güveninize, saygınıza, zamanınıza veya dikkatinize layık olmayan sahte bir tanrı olduğunu kabul edin. Bunun yerine, şu anda önünüzde ne yapıyorsanız ona geri dönün ve çabanızı ona harcayın.

Zihninizin size olumsuz düşünceler vermeye devam etmesine engel olamasanız da sorun değil, çünkü ne demiştik, düşünceler sadece düşüncelerdir.

Zihninizi eğitmek, evinizi toplamaya benzer. Bu her gün tekrarlamanız gereken bir alışkanlık. Ama zihni eğitmek, temizlik yapmak veya düzenli olmak kadar basit değildir.

Düşüncelerinizi yönetmek kararlılık ve pratik gerektirir. Kendi haline bırakıldığında, zihniniz daldan dala eski bir anıyı takip edecek, bir meşguliyetin peşinden koşacak ya da kırgınlık ya da öfkenin acı suyunda boğulacak. Ya da çok daha olumlu ama yine de asi ruh halleri içinde, hayal kurma ve fantezi içinde eriyip gidecek.

Zihinsel dağınıklığınızı, düşüncelerinizi ve duygularınızı değerlendirmeyi ihmal ederseniz, başıboş kalan zihniniz yaşam deneyiminiz tahammül edilemez hale getirir ve rasgele düşüncelerinizin esiri olursunuz.

Gün boyunca deneyimlediğimiz düşünceler çok gerçek ve güçlüdür ve dünya algımız üzerinde derin bir etkiye sahiptir. Bilinçaltınız düşüncelerinizi tam olarak kontrol etmenize asla izin vermeyecek olsa da bazılarını kontrol etme yeteneğine sahipsiniz. Daha iyi yönetmek için tepkilerinizi ve alışkanlıklarınızı besledikleri duyguları değiştirebilirsiniz.

Kitap boyunca içinizdeki olumsuz sesi susturabilmeniz, zihninizi dağıtabilmeniz için çok çeşitli fikirler ve araçlar önerdik. Bu yöntemleri kullanarak zihninizde daha az stres yaşayın ve iç huzurunun tadını çıkarın.

Zihninizi boşaltmak ömür boyu sürecek bir çabadır, ancak yaşam kalitenizi önemli ölçüde etkileyebilecek büyük ödüllerle karşılığını verir. Unutmayın, müdahaleci, olumsuz düşüncelerle "kafanızda" ne kadar az zaman harcarsanız, şimdiki anın ve hayatınızın geri kalanının tadını çıkarmak için o kadar fazla zamanınız kalır.

1 Hikâye

Bir Hint masalına göre, kedi korkusu yüzünden devamlı endişe içinde yaşayan bir fare vardır. Bir gün büyücü, farenin endişe ve korku dolu bir hayat içerisinde acı çekmesine üzülür ve onu kediye dönüştürür.

Fare, kediye dönüştükten sonra huzurlu bir hayat yaşamalıdır, oysa, bu kez köpekler yüzünden endişe ve korku duymaya başlar. Büyücü, kediye dönüşen fareye bir kez daha acıyarak, onu bir kaplana dönüştürür.

Kaplana dönüşen fare, avcılara yem olmaktan endişe etmeye başlar ve yeniden acı dolu bir hayat sürer.

Büyücü, "Sen fare yürekli ve cesaretsizsin. Ben sana yardım edemem!" diyerek, kaplan olan fareyi, yeniden fareye dönüştürür.

KAYNAKÇA

- Coleman, Paul, Finding Peace When Your Heart Is in Pieces, Adams Media, 2014
- Pittman, Catherine, Rewire Your Anxious Brain: How to Use the Neuroscience of Fear to End Anxiety, Panic, and Worry, New Harbinger Publications, 2015
- Wuensche, Marybeth, Your Thoughts are Killing You: Take Control of Your Mind and Close the Door to Depression, Anxiety and Those Fearful, Worrisome Thoughts Forever, Spirit-Filled Publishing, 2019
- Trenton, Nick, Stop Overthinking: 23 Techniques to Relieve Stress, Stop Negative Spirals, Declutter Your Mind, and Focus on the Present, 2021
- Bell, Leonard, Overthinking: How to Eliminate Anxiety, Stress, Negative Thinking and Declutter Your Mind, Leonard Bell, 2020
- Collins, Oliver, Overthinking: The Ultimate Guide to Master your Mind by Increasing your Self-Esteem, Eliminating Anxiety, Stress, Negativity, and Clutter, 2020
- Otoyo, Lana, Rumination: Learn to Overcome Your Destructive Thoughts and Start Thinking Positively (Fight Anxiety and Stress), 2018
- Colier, Nancy, Can't Stop Thinking: How to Let Go of Anxiety and Free Yourself from Obsessive Rumination, New Harbinger Publications, 2021
- Clark, David, The Negative Thoughts Workbook: CBT Skills to Overcome the Repetitive Worry, Shame, and Rumination That Drive Anxiety and Depression, New Harbinger Publications, 2021
- Self-Healing Mindfulness Academy, 10 Guided Meditations for Anxiety: Positive Affirmations, Hypnosis, Scripts & Breathwork for Panic Attacks, Depression, Relaxation, Deep Sleep, Overthinking & Self-Love, Evie Milne, 2021
- Jamie, Poppy, Happy Not Perfect: Upgrade Your Mind, Challenge Your Thoughts, and Free Yourself from Anxiety, Rodale Books, 2021